Joseph Krukl

Das österreichische Tabakmonopol und der Ausgleich mit Ungarn

Joseph Krukl

Das österreichische Tabakmonopol und der Ausgleich mit Ungarn

ISBN/EAN: 9783743330412

Hergestellt in Europa, USA, Kanada, Australien, Japan

Cover: Foto ©ninafisch / pixelio.de

Manufactured and distributed by brebook publishing software (www.brebook.com)

Joseph Krukl

Das österreichische Tabakmonopol und der Ausgleich mit Ungarn

Das österreichische Tabakmonopol und der Ausgleich mit Ungarn.

Von Dr. Joseph Krüll.

I.

Die Anfänge des österreichischen Tabakmonopols reichen bis 1670 zurück, in welchem Jahre Kaiser Leopold I. dem Oberstlandjägermeister des Landes ob der Enns, Christoph Grafen Khevenhüller, das ausschließliche Recht der Tabakeinfuhr in Oesterreich ob der Enns gegen die Instandhaltung der ob der ennsischen Jägereierfordernisse und gegen Entrichtung des bisherigen Zolles von 40 kr. vom Centner verlieh; der Privilegirung der Einfuhr folgte bald auch ein ähnlicher Vorbehalt rücksichtlich der Fabrication; es wurde nämlich im Jahre 1676 dem Handelsmanne Joh. Geiger zu Enns die Befugniß ertheilt, eine Tabakfabrik zu errichten; dagegen blieb der Anbau des Tabaks frei, und nahm Geiger die Verpflichtung auf sich, alle in Oesterreich ob und unter der Enns erzeugten Tabakblätter um einen billigen Preis abzulösen. Für Niederösterreich erhielt Graf Leopold Wilh. zu Königsegg und Rottenfels im Jahre 1678 das Recht des Verkehrs mit Tabak auf fünfzehn Jahre; dieses Gnadenprivilegium wurde später auf zehn Jahre verlängert und endete im Jahre 1703. Auch das an Graf Khevenhüller verliehene Privilegium ward auf weitere zwölf Jahre verlängert (bis 1694).

Diese Privilegien hatten aber noch keine financielle Bedeutung; letztere trat zuerst in Innerösterreich hervor, wo im Jahre 1678 Liscabin und Donaboni gegen einen Pachtschilling von jährlichen 2400 fl. das Recht zum Alleinhandel mit Tabak erlangten; vom Jahre 1687—1694 betrug die Pachtsumme 7500 fl.

Nach der Einbeziehung Oberösterreichs (im Jahre 1695), wo die Geiger'schen Erben den Tabak-Appalto übernahmen, stieg das Pachterträgniß im Jahre 1701 auf 14,700 fl.

In dem gleichen Maße, als man die große Steuerkraft des Artikels aus der Erfahrung kennen lernte, zog derselbe die Aufmerksamkeit der Finanzverwaltung auf sich; schon 1699 begannen die Verhandlungen, wie man eine höhere Einnahme daraus ziehen könnte; das Patent vom 20 Mai 1701 *) brachte die ersten codificirten Bestimmungen über das Tabak-Monopolium, welches sich die Staatsgewalt vorbehielt entweder selbst zu bewirthschaften oder durch Verpachtung zu verwerthen; in Folge dieses Patentes begann die neue Steuerquelle im Jahre 1702 auch in den böhmischen Ländern zu fließen; 1703 (nach Endigung des Privilegiums des Grafen Königsegg) trat Niederösterreich hinzu; die Einnahmen betrugen im Jahre 1703 61,100 fl.

Allein schon in demselben Jahre wurde das Monopol wieder aufgehoben und an dessen Stelle ein Tabakaufschlag eingeführt, welcher, nach einzelnen Sorten abgestuft, von den Händlern entrichtet werden mußte. Die Einnahme betrug:

1705	150,000	fl.,
1706—1709	100,000	„
1710	83,000	„
1711—1721	66,000	„
1722	84,800	„
1723	175,750	„

Im Jahre 1723 wurde durch das Patent vom 11 März **) das Monopol abermals eingeführt und unter die unmittelbare Verwaltung des Staates gestellt. Bereits im vorausgegangenen Jahre war die erste ärarische Tabakfabrik in Hainburg errichtet worden, welcher bald andere folgten. In den Provinzen wurden Verschleiß-Administrationen errichtet, deren Vorsteher nach den Bedingungen ihrer Bestellung halb als Beamte, halb als Unternehmer erschienen; die Leitung des ganzen Gefälles war einer eigenen Tabakdirection in Wien anvertraut.

Das Erträgniß (300,000 fl.) entsprach jedoch nicht den gehegten Erwartungen. Man kehrte deshalb schon im Jahre 1726 zu dem Pachtsysteme zurück und legte demselben die inzwischen durch die Regie in's Leben gerufenen organisatorischen Einrichtungen zu Grunde; die Pächter erhielten eine Art amtlichen Charakter, wogegen sie sich auch eine mannich-

---

*) Codex Austriacus III. 439.
**) Cod. Austr. IV. 126.

fache Ingerenz der Behörde gefallen lassen mußten. Die Gefällseinnahme stieg von 350,000 fl. im Jahre 1727 auf 615,000 fl. im Jahre 1736. Im letzteren Jahre traten in den böhmischen Ländern die Stände an die Stelle der Tabakpächter, indem sie gegen eine jährliche Reluitionssumme die Exemtion von dem Monopole und das Recht erwarben, jene Summe durch einen Aufschlag auf den Tabak einzubringen. Diese Abfindungen fanden im Jahre 1758 auch in den übrigen Erbländern Nachahmung; allein die ungleiche und bedrückende Auftheilung der Pauschalsummen führten im Jahre 1763 wieder zum Generalpacht zurück. Die Staatseinnahme betrug:

1738	665,000 fl.,
1743	529,166 „
1748	476,666 „
1753	531,666 „
1758	541,666 „
1763	778,000 „

Die Periode der großen Pachtungen, bei welchen sich die Hofkammer einen großen Einfluß auf die Geschäftsführung und insbesondere die Einsichtnahme in die Rechnungen vorbehielt, endete im Jahre 1783; der Monopolsertrag war zu dieser Zeit bereits auf 2,838,108 fl. gestiegen; an räumlicher Ausdehnung hatte das Monopol 1778 Ostgalizien gewonnen.

Mit dem Jahre 1784 beginnt eine neue Periode in der Geschichte des österreichischen Tabakmonopols. Unterm 8 Mai dieses Jahres erschien eine neue Tabakgefällsordnung; die Verwaltung des Monopols wurde in die eigene Regie des Staates, in der sie seither verblieben ist, übernommen und unter die Leitung einer eigenen Direction (k. k. Tabakgefällen-Direction) gestellt, welcher im Jahre 1786 auch die Verwaltung des Siegelgefälles (Tabak- und Siegelgefälls-Direction) übertragen wurde. Der neuen Behörde waren Administrationen in den Provinzen untergeordnet; in ihrer inneren Einrichtung trug sie noch manches von dem früheren Pachtsysteme an sich; *) ihre Erfolge waren im Ganzen nicht besonders befriedigend. Eine Ursache davon lag wohl auch in der Organisation der leitenden Behörde; im Jahre 1808 wurden hierin zwar einige Veränderungen vorgenommen, **) allein die Vereinigung des Tabak- und Stempelgefälles in Einer Verwaltung blieb bestehen. Es mußte dies um so nachtheiliger auf

---

*) An der Spitze der am 13 November 1783 errichteten Tabakgefällsdirection standen vier Directoren, jeder mit dem Gehalt von 4000 fl.; von der 2,700,000 fl. übersteigenden Einnahme des Gefälles bezogen sie eine gemeinschaftliche Tantième von 20 Procent. Im Jahre 1787 wurde das pretium fisci auf 3,000,000 fl. erhöht und die Tantièmen modificirt, bis letztere im Jahre 1791 ganz abgestellt wurden.

**) An deren Spitze stand von nun an bloß Ein Director.

den Geschäftsgang einwirken, als das Tabakgefäll besondere technische Geschäfte von großem Belange einschließt, welche mit der eigentlichen Administration nichts gemein haben und am besten von einer eigenen **Fachbehörde** besorgt werden.

Man trug dieser Sachlage Rechnung, als im Jahre 1834 die Herbeischaffung des Rohstoffes und die Leitung der Fabrication von der Verwaltung des Tabakgefälles ausgeschieden und der **neu errichteten Tabakfabriken-Direction** übertragen wurden; die anderen Geschäfte der Monopolsverwaltung gingen mit den übrigen Gefällszweigen an die in den Jahren 1830 und 1832 organisirten Cameral-Verwaltungen über.

In dieser Periode sind, nach mannichfachen Aenderungen während der Kriegsdauer, dem Monopolsgebiete zugewachsen: die Bukowina (seit 1793), Westgalizien (1796), Salzburg und der Innkreis, dann Dalmatien (1817), endlich Tirol (1828); *) vom Jahre 1814—22 bestand das Monopol auch in den von Frankreich zurückerlangten Theilen Kroatiens und des ungarischen Litorale.

Das Erträgniß war im Jahre

    1784 3,125,391 fl.,
    1794 3,891,790 „
    1804 5,574,423 „
    1814 7,485,898 „
    1824 4,362,485 „
    1834 7,543,734 „
    1844 12,160,118 „ **)

Neben der räumlichen Ausdehnung, welche das Monopol gewonnen, und der Zunahme des Consums (insbesondere seit die Cigarren allgemeinere Verbreitung fanden), waren es offenbar die oben angeführte Aenderung in der Verwaltung, dann wichtige Verbesserungen in der Beschaffung des Rohstoffes, in der Fabrication und im Verschleiße, welche seit dem Beginne der vierziger Jahre das Gedeihen des Gefälles herbeiführten.

Den bedeutendsten Aufschwung nahm jedoch das Monopol seit dem Jahre 1851 durch dessen Ausdehnung auf die ungarischen Länder, in welchen es am 1 März 1851 in Wirksamkeit trat. Ehe wir in diese wichtige Epoche der Geschichte des österreichischen Monopols eingehen, wollen wir in kurzem

---

*) Da in Tirol der Tabak ein Gegenstand des freien Verkehrs war, so erfolgte die Einführung des Monopols daselbst gegen Entschädigung der Interessenten und gegen Fortbelassung des Tabakbaues im südlichen Etschthal.

**) Im Jahre 1842 traten die Einnahmen im lombardisch-venetianischen Königreiche hinzu, welche bis dahin von den Landesbehörden verwaltet wurden.

Rückblicke*) die Einrichtungen betrachten, um deren Einführung in Ungarn es sich im Jahre 1851 handelte.

Gleich der financiellen Entwickelung, hat sich auch das System des Monopols allmälich ausgebildet. Schon gelegentlich der Privilegiumsverleihung an den Grafen Khevenhüller ward allen In- und Ausländern die Tabakeinfuhr bei Strafe der Confiscation der Waare untersagt; desgleichen wurde anläßlich der Privilegirung der Fabrication dieselbe in Oesterreich ob und unter der Enns bei Confiscation des Tabaks und einer Geldstrafe von 3 fl. pr. Pfund verboten.

Das bereits erwähnte Tabakpatent Kaiser Leopold's I. vom J. 1701 bestimmte, daß die Einfuhr, die Fabrication und der Handel mit Tabak**) dem Aerar vorbehalten sein sollte; der Anbau des Tabaks blieb gegen Anzeige und Ablieferung des als tauglich befundenen Erzeugnisses (der Einlösungspreis ist mit 6 fl. pr. Centner festgesetzt) freigestellt; Uebertretungen waren mit Confiscationen und zum Theil mit Geldstrafen bedroht.

Etwas ausführlicher waren die Bestimmungen des Patentes vom 11 März 1723, womit das Monopol in den Erbländern reactivirt wurde.***) Hiernach war die Einfuhr†) und die Fabrication des Tabaks gänzlich verboten, und der Handel nur mit den aus den ärarischen Niederlagen bezogenen Tabakfabricaten gestattet; eben so war der Transit fremden Tabaks gegen eine gewisse Gebühr gestattet; der Anbau im Lande konnte

---

*) Bezüglich einer ausführlicheren Darstellung der Entwickelung der Tabakbesteuerung in Oesterreich im Zusammenhang mit den übrigen indirecten Abgaben verweisen wir auf die im Jahrg. 1863 der Oesterr. Revue, Bd. II, III, V und VI erschienene Abhandlung: Die Entwickelung der indirecten Abgaben in Oesterreich, von G. v. Plenker (jun.).

**) Auch Tabaksspeisen wurden in diesem Patente als Gegenstand des Monopols erklärt.

***) Bemerkenswerth sind die Motive für die Wiedereinführung des Monopols, worüber es im Eingange dieses Patentes heißt, „daß viel ausländischer Tabak eingeführt werde und viel Geld außer Landes gehe, wodurch das Publicum nicht nur wegen des hohen Werthes, um welchen der Tabak verkauft wird, sondern auch öfter in der Qualität hintergangen werde, indem man wahrgenommen, daß unter den Tabak allerhand schädliche Sachen vermischt worden seien; deswegen sei bereits gnädigst resolviret worden, in den Erbländern kaiserl. königl. und landesfürstl. Tabakmanufacturen zu errichten, durch welche allerhand Sorten Schnupf- und Rauchtabak fabriciret und zum Besten des Publici nicht allein eine bessere Qualität sammt der folgsamen Wohlfeilheit des Tabakes eingeführet, sondern auch das Geld der Unterthanen im Lande erhalten werden sollte".

†) Reisenden und Fremden war es ausnahmsweise gestattet, 1—2 Pfd. Tabak mit sich zu führen.

nur mit Bewilligung der Tabakconsums-Administration gegen Anzeige der Größe und Lage des Grundstückes und gegen Ablieferung des Erzeugnisses an die Tabakmanufactur (wofür der billige und gewöhnliche Werth bezahlt werden sollte) stattfinden.

Die nachgefolgten Patente Kaiser Karl's VI. vom 1 März 1725, 19 September 1729 und 1 December 1733*) enthielten nähere Ausführungen und Verschärfungen des Patentes vom Jahre 1723, aus denen wir nur hervorheben, daß auch der Verschleiß der Tabakfabricate als Privativum erklärt und von der Bewilligung der Gefällsbehörde abhängig gemacht wurde; die Käufer waren gehalten, von niemandem als von den zum Verschleiß befugten Personen zu kaufen. Die Strafbestimmungen waren besonders gegen die Schwärzer sehr streng.

Von gleicher Art waren die Tabakgefällpatents-Erneuerungen und Verschärfungen unter der Regierung der Kaiserin Maria Theresia vom 21 Mai 1749, 1 Februar 1764 und 25 Juni 1765, **) welche hauptsächlich dem zunehmenden Schmuggel und der mangelhaften Assistenz der Ortsobrigkeiten ihre Entstehung verdankten und eindringlichst in Erinnerung brachten, daß der Verkehr mit Tabak als ein pures Privativum anzusehen und vom gemeinen Commercium ausgeschlossen sei.

Einer weitaus klareren und bündigeren Darstellung der gesetzlichen Bestimmungen, als in den früheren Patenten zu finden ist, begegnen wir in der Tabakgefällsordnung Kaiser Joseph's II. vom 8 Mai 1784, ***), welche für die deutsch-slavischen Länder (mit Ausnahme Tirols) erlassen wurde. Nach derselben war niemand berechtigt, rohen oder fabricirten Tabak in die monopolspflichtigen Provinzen einzuführen oder auch nur aus einer derselben in die andere zu übertragen, ohne einen Paß von der Tabakdirection erhalten zu haben; †) wer eine fremde Gattung Tabak, welche in den k. k. Aemtern nicht zu haben war, zum eigenen Gebrauche einführen wollte, hatte sich bei der Provincial-Administration um einen Paß zu melden, welcher ihm gegen Bezahlung der bestimmten Taxe ††) niemals verweigert werden sollte; auch für die Durchfuhr bedurfte es eines Passes, welcher nebst einem

---

*) Cod. Austr. IV. 257, 599, 815.
**) Cod. Austr. V. 409, VI. 532, 700.
***) Joseph. Gesetzsammlung, VII. 781.
†) Nur in den Freihäfen von Triest und in die freie Handelsstadt Brody war die Einfuhr von Tabak, als eine zum Großhandel bestimmte Kaufmannswaare, gestattet.
††) Dieselbe betrug je nach der Sorte 1—3 fl. pr. Pfd. oder Dose.

genauen Verzeichniß über die Sendung dieselbe bis zu dem Austritt begleiten mußte. *)

Der Anbau des Tabaks war in den deutschen und galizischen Ländern gegen Ablieferung des Erzeugnisses an das Aerar und gegen alljährlich einzuholende Bewilligung gestattet; dieselbe wurde von den Administrationen in dem Maße ertheilt, als sie den inländischen Tabak „brauchen und ablösen dienlich finden". Die Einlösungspreise sollten nach der Güte des Tabakblattes von den Landesstellen im Einverständniß mit der Tabakdirection jährlich festgesetzt werden. Es war verboten, den gebauten Tabak zum eigenen Gebrauch zu spinnen, zu mahlen, zu beizen oder auf was immer für eine Art herzurichten. **)

Der Verschleiß der von der k. k. Direction fabricirten Tabake durfte nur von jenen Personen betrieben werden, welche von der Administration die Erlaubniß dazu erhalten hatten.

Um die Einschwärzung fremden Tabaks zu verhindern, waren sowohl an den Grenzen als im Inneren des Monopolsgebietes Aufseher bestellt und deren Befugnisse bei Visitationen genau bestimmt.

Die Untersuchungen wurden von den Tabakbeamten unter Hülfeleistung der Obrigkeiten gepflogen; die Erkenntnisse (Notionen) wurden von den Administrationen geschöpft; dagegen konnte sowohl der Gnadenweg bei der Tabakdirection, als auch der Rechtsweg bei dem Landrechte betreten werden. Die Umänderung uneinbringlicher Geldstrafen in körperliche Strafen stand dem Landrechte zu.

Die Strafe für die Schwärzung und die Theilnahme daran, so wie im Falle eines Unterschleifes mit dem im Inlande gebauten Tabak war 16 fl. pr. Pfd.; die gleiche Strafe traf den unerlaubten Handel mit Tabak; unbefugter Tabakbau war mit 1 fl. pr. Pfd. bedroht. Licencirte Verschleißer, welche im Preise oder Gewichte übervortheilten, hatten dem Beschädigten für jedes Loth des zu theuer bezahlten oder im Gewichte zu geringen Tabaks einen Gulden zu ersetzen.

Von den gesetzlichen Verfügungen, welche der Josephinischen Tabakgefällsordnung nachfolgten, verdient Erwähnung, daß mit dem Hofdecrete vom 16 März 1789 die Ausfuhr der rohen ungarischen, galizischen und

---

*) Das Aerar vermittelte auch selbst die Spedition durch seine eigenen Spediteure, wofür eine bestimmte Gebühr bezahlt werden mußte. Im Jahre 1828 ist man davon wieder abgegangen.

**) Nach einer späteren Erklärung bezog sich dieses Verbot auch auf den von der Regie fabricirten und verkauften Tabak.

aller erbländischen Tabakblätter unter Confiscationsstrafe verboten wurde; indessen wurde im nächsten Jahre (durch Hofdecret vom 26 Juli 1790) die Ausfuhr ungarischer Blätter gegen Zollentrichtung wieder gestattet. *)

Im Jahre 1806 erfolgte die Einstellung des Tabakbaues in Böhmen.

Die letzten gesetzlichen Bestimmungen über das Tabakmonopol, welche in den nicht ungarischen Ländern noch jetzt gültig sind, brachte die Zoll- und Staatsmonopols-Ordnung vom 11 Juli 1835; dieselbe weicht von dem Josephinischen Tabakpatente in formeller Beziehung darin ab, daß sie nur die auf die Ausübung des Hoheitsrechtes Bezug nehmenden Anordnungen enthält, während die strafrechtlichen Bestimmungen aus dem gleichzeitig erlassenen, alle Gefällszweige umfassenden Strafgesetze über Gefällsübertretungen zu entnehmen sind. Letzteres bietet eine neue Systemisirung der Gefällsübertretungen (Schleichhandel, schwere und einfache Gefällsübertretungen) und der dafür verhängten Strafen, während die Monopolsordnung sich durch eine andere Anordnung des Stoffes und durch schärfere Hervorhebung der auf den Monopolsgegenständen ruhenden Verbrauchsabgaben von den früheren Gesetzen unterscheidet.

Nach der Zoll- und Staatsmonopols-Ordnung bilden der Tabak, sowohl im rohen als verarbeiteten Zustande, dann die Abfälle von Tabak einen Gegenstand des Staatsmonopols. Der Staat übt den darin gelegenen Vorbehalt vollständig aus, d. h. es ist nicht nur die Einfuhr und die Erzeugung, sondern auch der Verkehr mit dem gedachten Artikel der Staatsverwaltung vorbehalten oder doch von ihrer Erlaubniß abhängig.

Die Bewilligung zur Einfuhr wird nur zum unmittelbaren Gebrauche der Personen, welche darum nachsuchen, und nur für eine ihren Bedürfnissen angemessene Menge ertheilt. Bei Reisenden bestehen bis zu einer gewissen Menge erleichternde Ausnahmen.

Sowohl bei der Ein- als Ausfuhr unterliegt der Tabak den allgemeinen, für den zollpflichtigen Verkehr bestehenden Bestimmungen; demnach sind bei der Einfuhr zum eigenen Gebrauche die bestehenden Zoll- und Licenzgebühren zu entrichten. Die noch jetzt bestehende Licenzgebühr ist
   a) für Schnupf- und Rauchtabakfabricate . mit 2 fl. 63 kr. österr. Währ.,
   b) „ rohe Tabakblätter . . . . „ 2 „ 10 „ „ „
pr. netto Wiener Pfd. festgesetzt. **)

―――

*) Im Jahre 1818 wurde der Zoll von 12 auf 2 fl., im Jahre 1824 auf 1 fl., im Jahre 1826 auf 20 kr. pr. Ctr. herabgesetzt.

**) Hofkammer-Präsidialdecret vom 5 März 1826, Politische Gesetzsammlung, 64. Bd., S. 447, und Finanzministerial-Erlaß vom 1 October 1858. Diese Licenzgebühr trat an die Stelle der früher bestandenen Paßtaxen.

Der neben der Licenzgebühr zu entrichtende Einfuhrzoll beträgt
a) für rohe Tabakblätter, Rippen und Stengel . . . . 10 fl. 50 kr.,
b) für Rauchtabak in Rollen, abgerollten oder entrippten Blättern oder geschnitten, Carotten oder Stangen zu Schnupftabak, Tabakmehl, Tabakabfälle, Cigarren und Schnupftabak . . . . 26 „ 25 „

für den Zollctr. *)

Die zum eigenen Gebrauch eingeführten Tabake sind den außer Handel gesetzten Waaren gleich geachtet und dürfen daher auch ohne besondere Bewilligung an niemanden abgetreten werden.

In Bezug auf den Vorbehalt der **Fabrication** erklärt es die Zoll- und Monopols-Ordnung

1. als eine **verbotene Erzeugung:**
a) Tabak zu **bauen;**
b) Tabak, der ohne vorläufigen Anbau wächst, zu **pflegen;**
c) die zum Verbrauche als Tabak geeigneten Blätter, Stengel, Stöcke oder Abfälle **einzusammeln** oder **aufzubewahren;**

2. als eine **verbotene Bereitung:**
a) Tabak, der nicht aus den Verkaufsniederlagen des Staatsgefälles bezogen wurde, zu spinnen, zu mahlen, zu beizen oder auf irgend eine Art **zuzurichten;**
b) rohen Tabak oder Rauchtabak, wenngleich derselbe aus den Verkaufsniederlagen des Staatsgefälles bezogen wurde, **in Schnupftabak umzugestalten;**
c) überhaupt eine Gewerbsunternehmung zu errichten oder zu betreiben, in welcher für Rechnung Anderer oder zum Verkaufe Tabak **zugerichtet wird,** —

wenn alle diese Thätigkeiten (sub 1 und 2) **ohne Bewilligung der Gefällsbehörde** vorgenommen werden; endlich statuirt das gedachte Gesetz auch

3. eine **verbotene Verwendung,** welche darin besteht, daß ohne Bewilligung der Gefällsbehörde Gegenstände des Staatsmonopols aus den Orten der Erzeugung, Bereitung oder Aufbewahrung, in denen sich dieselben unter der Verbindlichkeit der Ablieferung an das Staatsgefäll befinden, oder aus den Niederlagen des Staatsgefälles oder seiner Bestellten **hinweggenommen** und dadurch dem Besitze des Staatsgefälles unmittelbar oder doch der Ablieferung an dasselbe entzogen werden.

---

*) Reichsgesetzblatt vom Jahre 1853, Nr. 262.

Die Bewilligung zur Erzeugung und Bereitung wird stets nur unter der Bedingung ertheilt, daß mit dem Gegenstande kein anderes als das ausdrücklich gestattete Verfahren vorgenommen, daß dasselbe nur auf den hiezu bezeichneten Grundstücken oder in den zugewiesenen Orten vollzogen und daß das ganze Erzeugniß in dem bedungenen Zustande vollständig an die Niederlagen des Staatsgefälles abgeliefert werde; es wird als eine verbotene Verwendung angesehen, etwas der Ablieferung an das Staatsgefäll vorzuenthalten.

Da der Staat die Fabrication in eigener Regie betreibt, so handelt es sich bei den eben erwähnten Bewilligungen nur um die Erlaubniß des Tabakbaues und allenfalls um die weitere Behandlung der geernteten Tabakblätter.

Der Tabakbau ist in den außerungarischen Ländern, nachdem er zuletzt noch im südlichen Steiermark eingestellt worden war, gegenwärtig auf Südtirol und Ostgalizien beschränkt.

In Südtirol reducirt sich der Tabakbau auf den geringen Bedarf von einigen tausend Centnern Schnupftabakblättern, welche wegen ihres eigenthümlichen Geruches zur Erzeugung einiger, namentlich im Lande selbst beliebter Sorten Schnupftabaks nicht entbehrt werden können. Die Bewilligungen zum Tabakbau werden dort jährlich nach Maßgabe des jeweiligen Bedarfes normirt, und, damit keine bedeutenden Ueberschreitungen auch in günstigen Erntejahren eintreten, nicht, wie anderswo, auf eine bestimmte Anbaufläche, sondern auf eine bestimmte Pflanzenzahl ertheilt. Wegen der abweichenden Behandlung, der die Blätter behufs ihrer speciellen Verwendung unterzogen werden müssen, findet auch bei der Einlösung ein eigenthümliches Verfahren statt. Die Blätter werden nämlich im grünen Zustande, wie sie eben von der Pflanze gebrochen wurden, zur Einlösung gebracht. Die weitere Behandlung (Maceration) übernimmt die in der unmittelbaren Nähe der Pflanzungsgemeinden gelegene Tabakfabrik in Sacco oder läßt man durch eigene gebundene Privatmaceratoren besorgen. *)

In Galizien hat der Tabakbau eine größere Ausdehnung; derselbe liefert zwei von einander wesentlich verschiedene Sorten Tabakblätter. Die eine Gattung, unter dem Namen Zabruther oder original-galizische Blätter, ist die ursprünglich in Galizien gezogene Tabakpflanze, deren Blätter zu den bekannten und beliebten galizischen Schnupftabaken verwendet werden. Die

---

*) In den Jahren 1861—1865 waren in Südtirol durchschnittlich pr. Jahr 522½ niederösterr. Joch mit Tabak bestellt, welche 27,746 Ctr. grüne Blätter lieferten; das Ergebniß der Maceration war 4824 Ctr. Die Einlösungsgebühr betrug 70,807 fl.

andere Gattung, die sogenannten ungarisch-galizischen Blätter, stammt aus Samen von den vorzüglicheren ungarischen Tabaksorten und findet bei der Fabrication der Cigarren und des Pfeifentabaks ihre Verwendung. Die Blätter werden in die ärarischen Einlösungsmagazine abgeliefert, nachdem sie bei dem Pflanzer die erste Ausbildung erfahren haben. Die leitenden Finanzbehörden im Einvernehmen mit dem galizischen Einlösungsinspectorate besorgen die auf den Anbau und die Einlösung Bezug habenden Angelegenheiten.*)

Für die abgelieferten und zur Annahme geeignet erkannten Tabakblätter leistet der Staat angemessene Vergütung. Die Einlösungspreise werden stets im vorhinein durch besondere Kundmachungen bekannt gemacht.

Mit dem **Verschleiße** der Tabaksorten, welche zu diesem Behufe in den ärarischen Fabriken erzeugt oder von der Regieverwaltung eingeführt werden, dürfen sich nur jene Personen befassen, welche von der Gefällsbehörde hierzu bestellt sind; auf der anderen Seite ist es untersagt, solche Gegenstände von jemandem an sich zu bringen, der nicht mit der Bewilligung der Gefällsbehörde versehen ist. Besondere Bestimmungen regeln den Verkehr mit Monopolsgegenständen und befassen sich mit der Sicherstellung der auf denselben ruhenden **Verbrauchsabgabe**. Dieselbe wird rücksichtlich jener Gegenstände, welche aus den Verkaufsniederlagen des Staates bezogen werden, in dem Verkaufspreise derselben einbegriffen und durch den letzteren entrichtet; bei allen anderen Gegenständen wird die Verbrauchsabgabe durch den vorhin angeführten besonderen Tarif unter der Benennung **Licenzgebühr** festgesetzt.

Diese Hervorstellung der Verbrauchsabgabe entspricht nicht nur dem Wesen des Monopols als einer besonderen Art der Besteuerung des Verbrauches, sondern sie ist auch darum wichtig, weil das **Ausmaß der Strafen** zum Theil auf dem Steuersatze beruht. Es beträgt nämlich in der Regel die Strafe des Schleichhandels das Fünf- bis Zehnfache, der schweren Gefällsübertretungen das Vier- bis Achtfache der verkürzten oder der Verkürzung ausgesetzten Abgabe.

Es ist hier nicht der Ort, auf die sehr umfangreichen und minutiösen Bestimmungen des Strafgesetzes über Gefällsübertretungen hinsichtlich des Begriffes und der Arten der strafbaren Handlungen, hinsichtlich der Zurechnung der Schuld und Bemessung der Strafen, endlich bezüglich der per-

---

*) Im Durchschnitt der Jahre 1861—1865 betrug in Galizien die Anbaufläche 6258 Joch, die Ernte 87,746 Ctr., die Einlösungsgebühr 664,202 fl., der durchschnittliche Ertrag eines Joch in Material 14 Ctr., in Geld 106 fl.

sönlichen und sachlichen Haftung für die Strafen näher einzugehen. Wir beschränken uns daher darauf, im Anschluß an das bereits Gesagte zu bemerken, daß gleich der verbotwidrigen Erzeugung auch die verbotwidrige Bereitung und Verwendung von Monopolsgegenständen, sofern solche nicht vorschriftsmäßig aus den Niederlagen des Staatsgefälles bezogen wurden, eine schwere Gefällsübertretung begründet; wenn aber der Tabak vorschriftsmäßig aus den Niederlagen des Staatsgefälles bezogen wurde, so ist die verbotswidrige Bereitung oder Verwendung desselben als einfache Gefällsübertretung mit der Hälfte bis zum Doppelten der Verbrauchsabgabe zu bestrafen. Die verbotwidrige Veräußerung begründet eine schwere Gefällsübertretung, wenn die verkauften Gegenstände in dem Verschleißtarife nicht enthalten sind, oder die Verbrauchsabgabe von denselben nicht entrichtet wurde; sind hingegen die letzteren Bedingungen vorhanden, so soll die Strafe mit der Hälfte bis zum Doppelten der Verbrauchsabgabe ausgemessen werden. Die Verjährungszeit ist für Schleichhandel und schwere Gefällsübertretungen mit drei, bei allen anderen hierher gehörigen Uebertretungen mit einem Jahr bestimmt. Die Leitung der Untersuchung und das Erkenntniß steht den administrativen Finanzbehörden und bei gewissen wichtigeren Fällen den ihnen parallel stehenden Gefällsgerichten zu.

Dieser Art sind die Einrichtungen, welche im Jahre 1851 ihren Eingang in die ungarischen Länder fanden.

Es war beschlossen, Ungarn und seine Nebenländer in die allgemeine Zolllinie des Reiches einzuziehen und mit den übrigen Theilen des letzteren in freien Verkehr treten zu lassen. Zur Ausführung dieses Beschlusses war der Fall der Zwischenzolllinie nothwendig. Nachdem mit dem Patente vom 7 Juni 1850 die Aufhebung der Binnenzölle angeordnet und mit jenem vom 29 September 1850 die Verzehrungssteuer von gebrannten geistigen Flüssigkeiten und Bier in den ungarischen Ländern eingeführt werden, waren die Staatsmonopole das einzige Hinderniß der gänzlichen Hinwegschaffung aller Beschränkungen des freien Verkehres zwischen beiden Reichshälften.

Was das Salzmonopol anging, so bestand dasselbe bereits in den ungarischen Ländern wie in den übrigen Theilen des Reiches; nur in Bezug auf die Form, unter welcher es ausgeübt wurde, und das Preisausmaß waltete eine Verschiedenheit ob, deren Beseitigung keinem Anstand begegnete.

Schwieriger war die Frage rücksichtlich des Tabakmonopols. Man verkannte keineswegs, daß es vom allgemeinen nationalökonomischen Standpuncte wünschenswerth wäre, den Tabak als einen erheblichen Gegenstand der landwirthschaftlichen und commerciellen Industrie der Privatbetriebsamkeit ganz zu überlassen; aber man überzeugte sich auch, daß sich diese Frage getrennt von der Erwägung aller sachlichen und localen Verhältnisse, so wie ohne Berücksichtigung der financiellen Bedürfnisse des Staates nicht gründlich behandeln lasse; insbesondere betrachtete man das letztere Moment als ein solches, welches wohl erwogen werden müsse, wenn man nicht Gefahr laufen wolle, den Steuerpflichtigen, statt ihnen eine Wohlthat zu erweisen, neue und schwerere Lasten aufzulegen. Man mußte mit der Thatsache rechnen, daß das Tabakgefäll einen Ertrag von mehr als 13 Millionen Gulden abwarf, dessen sorgfältige Bewahrung unbedingt nothwendig erschien. Zwar fehlte es schon damals nicht an Vorschlägen, wie dieser Ertrag etwa auf anderen Wegen zu beschaffen wäre; allein man täuschte sich darüber nicht, daß bei diesen Vorschlägen die Schwierigkeiten, ja das Gefährliche der angetragenen Ersatzmittel immer zu gering, dagegen die financiellen Erfolge stets zu hoch angeschlagen wurden. Wie das kaiserl. Patent vom 29 November 1850*) erklärt, waren „die damaligen Verhältnisse offenbar nicht dazu geeignet, mit einer oder mehreren anderen Abgaben, die das Tabakmonopol zu ersetzen hätten, unsichere und gefährliche Versuche anzustellen"; dagegen „habe eine vieljährige Erfahrung nicht nur in Oesterreich, sondern auch in anderen Staaten außer Zweifel gestellt, daß es den erheblichsten Schwierigkeiten unterliegt, an die Stelle des Tabakmonopols eine andere directe oder indirecte Steuer zu setzen, die einen gleich hohen Ertrag **ohne gleich wenig fühlbare Belastung des Verbrauchers und von einem zur indirecten Besteuerung mehr geeigneten Gegenstande einbringen würde**".

Die Erhaltung der bisherigen Einnahme forderte daher den Fortbestand des Monopols, und damit dasselbe bei dem Falle der Zwischenzolllinie nicht bedroht werde, dessen Ausdehnung auf die ungarischen Länder; auf der anderen Seite erkannte man in dieser Maßregel auch den besten Schutz der ungarischen Tabakcultur, indem bei dem Bestehen eines gemeinsamen Zollverbandes „nur durch die Aufrechthaltung des Tabakmonopols in den Kronländern, in denen es bisher bestand und durch dessen Ausdehnung auf den ganzen Umfang des Reiches jenen bis jetzt dem Monopole nicht unterliegenden Kronländern die reiche Quelle des Einkommens gesichert werden kann, welches in denselben die Tabakcultur dadurch bezieht, daß schon jetzt der größte Theil des Tabakverbrauches in den übrigen Kronländern durch Verwendung ungarischer Tabakblätter bedeckt wird — eine Verwendung, die nach der Aufhebung des Monopols in diesen Kronländern eine höchst namhafte Verminderung erleiden würde und nur durch eine Er-

---

*) Reichsgesetzblatt vom Jahre 1850, Nr. 462.

weiterung des österreichischen Zollgebietes einen Ersatz für diesen Abfall erlangen könnte".

Aus diesen Motiven erfolgte mit dem vorangeführten Patente die Einführung des Tabakmonopols in den ungarischen Ländern. Die Bestimmungen der ungarischen Tabakmonopolsordnung stimmen im wesentlichen mit jenen überein, welche in den außerungarischen Ländern Geltung haben; nur in Betreff des Tabakbaues bestehen in Ungarn besondere Anordnungen, welche auch der Privatindustrie gestatten, sich beim Handel mit ungarischen Blättern und bei deren Absatz in's Ausland zu betheiligen.

Die kaiserliche Verordnung vom 27 März 1860 *) hat es versucht, die hierher gehörigen Verhältnisse nach objectiven Normen zu regeln.

Nach derselben ist der Tabakbau in allen jenen Ortsgemeinden unter der Bedingung gestattet, daß daselbst wenigstens zwanzig Kataftraljoch dem Tabakbaue gewidmet werden, welche

1. in dem Jahre 1858 in den sogenannten geschlossenen Rayons Tabak gebaut haben und nicht wegen Ueberhandnahme des Unterschleifes vom Tabakbaue ausgeschlossen worden sind;
2. in den vereinzelt liegenden sogenannten Oasen bereits vor der Einführung des Monopols Tabak zum Handel gebaut haben.

Das Verzeichniß dieser Ortschaften ist im Wege der Finanzbehörden kundgegeben worden.

In den Orten, wo der Tabakbau gestattet ist, kann jedermann die Bewilligung (Licenz) zum Tabakbau erlangen, welcher

a) weder eines Verbrechens, oder eines aus Gewinnsucht begangenen Vergehens oder des Schleichhandels oder einer schweren Gefällsübertretung schuldig erkannt, noch bloß wegen Abganges rechtlicher Beweise der Untersuchung entbunden worden ist;

b) dem Tabakbaue eine zusammenhängende Fläche und zwar beim Feldbaue von mindestens 800 Quadratklafter, beim Gartenbaue von wenigstens 300 Quadratklftr. widmet, und

c) die Nachweisung liefert, daß er
   aa) entweder selbst ein Magazin besitzt, welches von Seite des Gefälles unter Mitsperre und wirksame Aufsicht genommen werden kann, oder
   bb) daß seinen Tabak ein befugter Tabakhändler oder die Tabakregie übernehmen werde.

---

*) Reichsgesetzblatt vom Jahre 1860, Nr. 72.

Die Bewilligungen zum Tabakbaue werden alljährlich von den Finanz=
behörden ertheilt.

Die Bewilligung zum Handel mit rohen Tabakblättern behufs der
Ausfuhr in das Ausland oder zum Verkaufe an andere befugte Tabakhändler
wird nach Wunsch des Bewerbers auf ein bis fünf Jahre bis zu einer von
ihm anzugebenden Gewichtsmenge ertheilt; es kann sie jeder erlangen, der
außer der Nachweisung der obigen Erfordernisse sub a und c, aa, die Sicher=
heit bietet, daß er bei der Aufbewahrung und dem Transporte des Tabaks
die bestehenden Vorschriften erfüllen und im Falle der Uebertretung der=
selben die entfallenden Strafen zu entrichten im Stande sein wird.

Einer Bewilligung zum Tabakhandel bedürfen auch jene Pflanzer,
welche ihren Tabak über den Monat April des dem Anbau folgenden Jahres
hinaus in ihren Magazinen aufzubewahren wünschen.

Jede Verweigerung einer Bewilligung soll motivirt werden.

Zum Ersatz der Kosten der Ueberwachung ist eine nach dem Flächen=
maße abgestufte Gebühr ohne Unterschied, für wessen Rechnung
der Tabak gebaut wird, zu bezahlen; die Kosten der Ueberwachung in
den Privatmagazinen sind nach der Zahl der erforderlichen Finanzwachen
und der Tage ihrer Verwendung zu vergüten.

Nebst dem Tabakbaue für die Regie und zum Handel gestattet die un=
garische Monopolsordnung unter gewissen Voraussetzungen auch einen Tabak=
bau zum eigenen Gebrauche, welcher für eine Familie höchstens auf
70 Quadratklafter und gegen Entrichtung einer Verbrauchsabgabe (gegen=
wärtig 21 kr. pr. Quadratklftr.) bewilligt wird; der zum eigenen Gebrauche
erzeugte Tabak darf nur als Pfeifengut verwendet werden.*)

Unstreitig haben diese Sonderbestimmungen viel dazu beigetragen,
dem Monopole leichteren Eingang in Ungarn zu verschaffen; einen wesent=
lichen Einfluß auf die Besiegung der Schwierigkeiten übten auch die Grund=
sätze, welche bezüglich der Ablösung der Vorräthe und Entschädigung der
Fabrikanten von der Staatsverwaltung ausgesprochen und in Anwendung
gebracht worden sind;**) die nachhaltigste Wirkung auf die Fundirung des

---

*) Eine ähnliche Begünstigung, jedoch mit Einschränkung auf einige Gemein=
den im Oberinnthal und auf eine bestimmte Tabaksorte, besteht ausnahmsweise auch
im alten Monopolsgebiete.

**) Näheres hierüber bei v. Plenker, Das österreichische Tabakmono=
pol. Wien, 1857.

Im Ganzen wurden 80,817 Ctr. verschiedene Tabaksorten von ungarischen Fa=
brikanten und Händlern übernommen und dafür 1,942,508 fl. bezahlt.

Ferner wurden an 60 Parteien für Gewerbsentgang Entschädigungen bewilligt,
und zwar

Monopols in Ungarn übte aber der Impuls, welcher dadurch der ungarischen Tabakcultur gegeben wurde; die Erkenntniß brach sich bald Bahn, daß das Monopol und die Tabakcultur, weit entfernt, unversöhnliche Gegensätze zu sein, vielmehr einander dienstbar gemacht werden können. Der Tabakbau wurde ein lohnender Zweig der Landwirthschaft und nahm einen früher nicht gekannten Aufschwung. *)

Die Zunahme der Consumtion trug dazu das Ihrige bei. In den **deutsch-slavischen Ländern** war schon in den letzten zehn Jahren vor Einführung des Monopols in Ungarn der Verschleiß sehr bedeutend gestiegen; er betrug im Jahre 1851 41,043 Centner Schnupf-, 289,488 Ctr. Rauchtabak, 316 Millionen Cigarren, und hatte gegenüber den Ergebnissen des Jahres 1841 bei den Cigarren um 977 Procent, bei den Rauchtabaken um 25 Proc. zugenommen.

Auch in den späteren Jahren zeigte sich eine stetige Zunahme (mit Ausnahme des Schnupftabaks, dessen Consumtion in diesen Ländern, wenn auch in sehr geringem Maße, abnimmt); es betrug nämlich der Verschleiß

im Jahre	in Material Wr. Ctr.	in Geld Gulden österr. Währ.
1851	354,564	20,950,653
1855	398,549	27,621,613
1860	399,438	33,748,817
1865	436,076	36,380,439

In den **ungarischen Ländern** bewegte sich der Materialabsatz und der Gelderlös wie folgt:

an 37 Parteien jährliche Renten im Betrage von . . . . 35,600 fl.
„ 16 „ Capitalsauszahlungen von . . . . 241,500 „
„ 18 „ Verschleißplätze mit einem durchschnittlichen jährlichen Reinertrag von . . . . 21,159 „
„ 6 „ wurde der Werth ihrer Real-Tabakhandlungen mit . 9,760 „

ausgezahlt; endlich wurde eine Anzahl früherer kleiner Fabrikanten bei der Regieverwaltung untergebracht.

*) Nach §. 45 der ungarischen Monopolsordnung wird bei der Bestimmung der Regiepreise auf den jeweiligen Stand des Preises der landwirthschaftlichen Erzeugnisse, so wie überhaupt darauf Rücksicht genommen, daß dem Pflanzer ein solcher Vortheil gesichert bleibe, welcher geeignet ist, ihn aufzufordern, dem Tabakbau die gehörige Sorgfalt zu widmen. Die Einlösungspreise werden von drei zu drei Jahren in demjenigen Ausmaße bekannt gemacht, unter welches während dieses Zeitraumes nicht herabgegangen wird. Dagegen erfolgten im Triennium 1862—1864 namhafte Erhöhungen. Auf die anzuhoffende Ernte und die seinerzeitige Ablieferung werden den Pflanzern systemmäßig Vorschüsse in zwei Perioden, wenn nämlich die Pflanzen ausgesetzt und die Blätter auf Schnüre gebracht sind (Joch- und Schnurgelder), ertheilt. S. auch Finanzministerial-Erlaß vom 19 April 1860 (Reichsgesetzblatt Nr. 100).

im Jahre	Verkaufte Menge Wr. Ctr.	Gelderlös Gulden österr. Währ.
1851	57,182	2,958,469
1852	192,070	7,829,872
1855	230,437	12,454,396
1860	209,019	14,530,276
1865	181,863	12,748,151 *)

Die financiellen Ueberschüsse des Gefälles im ganzen Monopols= gebiete sind von 14,623,040 fl. im Jahre 1851 auf 28,251,589 fl. im Jahre 1858 gestiegen; im Jahre 1859 sanken sie (in Folge der großen Ein= lösung in Ungarn und des Krieges, welcher den Wegfall der Lombardei im Gefolge hatte) auf 24,031,299 fl.; allein schon im nächsten Jahre hoben sie sich auf 34,695,419 fl.; im Jahre 1862 erreichten sie ihre höchste Ziffer mit 40,961,194 fl. Hiernach hatte sich die aus dem Tabakmonopole fließende Staatseinnahme in dem kurzen Zeitraume von zwölf Jahren fast bis zum Dreifachen vermehrt.**)

Die an der Spitze der Regieverwaltung stehende Behörde führt seit dem Jahre 1855 den Titel: Central=Direction der Tabakfabriken und Einlösungsämter; sie hat die Bestimmung, im Umfange der gan= zen Monarchie für die Deckung des Bedarfes an sämmtlichen zufolge der Tarife im Verschleiße stehenden Tabakfabricate zu sorgen; diese Aufgabe umfaßt:

a) die Aufbringung des erforderlichen Rohstoffes;
b) die Beschaffung der benöthigten Tabakfabricate.

Zur Aufbringung des Rohstoffes, so weit es sich um inländische Blät= ter handelt, bestehen Tabakeinlösungs=Inspectorate und Einlösungsämter in Ungarn und Galizien.***)

---

*) Auf den Kopf der Bevölkerung kam in den Jahren 1861 — 1865 durch= schnittlich

	eine Consumtion von	ein Beitrag zum Verschleiß= erlös von
a) in den deutsch=slavischen Ländern	2⅓ Pfd.	1 fl. 87 kr.
b) „ „ ungarischen „	1½ „	— „ 90 „

**) Die vorangehenden statistischen Angaben sind der vorcitirten Schrift von R. v. Pleuker, ferner der gleichnamigen Schrift desselben Verfassers vom Jahre 1861, endlich den Tabellen zur Statistik des österreichischen Tabakmonopols (Wien, 1867) entnommen.

***) 5 Inspectorate und 10 Aemter (mit 18 Filialen) in Ungarn, 1 Inspectorat und 3 Aemter in Galizien; in Südtirol werden die Einlösungsgeschäfte von der Tabak= fabrik in Sacco besorgt.

Mit der Erzeugung der Tabakfabricate beschäftigen sich 23 ärarische Fabriken, welche im Jahre 1865 bei einem Arbeiterstande von 24,178 Individuen 683,426 Centner Rohstoffe verarbeiteten und 650,120 Ctr. Fabricat, darunter 1,115,939,182 Stück Cigarren und Cigarretten, lieferten.

Für das Verschleißwesen, welches unter der Leitung der administrativen Finanzbehörden steht, bestehen in jedem Lande ärarische **Verschleißmagazine**; denselben ist eine gewisse Anzahl Verleger und Großverschleißer und letzteren wieder eine bestimmte Anzahl von Kleinverschleißern zur Fassung der Monopolsfabricate zugewiesen.*) Für sämmtliche Fabricate sind zweierlei Preise, der sogenannte Großverschleiß-Preis und der Kleinverschleiß-Preis bemessen; letzterer läßt gegen ersteren einen Gewinn von 10—14 Procent und bildet die Entlohnung für die Kleinverschleißer, während die Großverschleißer außer diesem Gewinne, welchen sie aus dem ihnen freistehenden Kleinhandel realisiren, noch durch gewisse Verschleißprocente entschädigt werden. Die dermalen geltenden Verschleißtarife stammen aus dem Jahre 1858 und haben seitdem, außer daß neue Tabaksorten in Verschleiß kamen, keine wesentliche Veränderung erfahren.

II.

In Folge der Wiederherstellung der ungarischen Verfassung geht die Besteuerung des Tabaks, wie so viele andere Verhältnisse, welche im Laufe der letzten zwei Jahrzehnde in Ungarn Eingang gefunden haben, einer neuen Krise entgegen. Nach den Beschlüssen des ungarischen Reichstages sollen in den durch ihn vertretenen Ländern die Steuern und Abgaben nur bis zum Ende des laufenden Jahres in der bisherigen Weise erhoben werden; was nach diesem Zeitpuncte geschehen wird, hängt zunächst von der auf der Tagesordnung stehenden **Auseinandersetzung** der Länder diesseits und jenseits der Leitha ab. Das Substrat für die Behandlung der großen ökonomischen und financiellen Fragen, welche den Inhalt des bevorstehenden Ausgleiches zu bilden haben, werden die von dem ungarischen Reichstage bereits angenommenen Beschlüsse jener Commission bilden, welche vom Abgeordnetenhause desselben zur Ausarbeitung eines Gesetzentwurfes über die **gemeinsamen Angelegenheiten und über den Modus ihrer Behandlung** eingesetzt worden ist.

---

*) Im Jahre 1858 bestanden (mit Ausnahme des lombardisch-venetianischen Königreiches) 46 Magazine, 403 Hauptverleger und 62,770 Verleger und Trafikanten.

Nach der Auffassung dieser (sogenannten Siebenundsechziger-) Commission sind zwischen den Ländern der ungarischen Krone und den übrigen Theilen des österreichischen Staates nur jene Angelegenheiten gemeinsam, welche sich aus dem Inhalt der **pragmatischen Sanction**, nämlich aus dem darin festgestellten **Princip der gemeinsamen Sicherheit und der gemeinsamen Aufrechthaltung derselben** ergeben; dahin gehören die Angelegenheiten des **Aeußeren und des Krieges**, so wie **jenes Theils der Finanzen**, welcher sich mit dem Aufwande für die beiden ersteren zu beschäftigen hat. Alle **übrigen** Gegenstände dagegen und insbesondere alle **Steuern** sollen einzig und allein zur Competenz der Landesministerien und der ihnen zur Seite stehenden Vertretungen gehören. Da es indessen unter den Angelegenheiten der letzteren Art manche von hoher Wichtigkeit gebe, welche theils **in Folge der bestehenden Verhältnisse aus politischen Gründen, theils wegen des Zusammenfallens der Interessen beider Theile zweckmäßiger mittels gemeinsamer Vereinbarung, als gesondert, erledigt werden können**, so sollen zur gleichmäßigen und einverständlichen Behandlung solcher Angelegenheiten Verträge zwischen den beiden Reichshälften in der Weise abgeschlossen werden, wie ähnliche Vereinbarungen zwischen **zwei gesetzlich von einander unabhängigen Ländern** zu Stande kommen.

Als ein solches, einer Vereinbarung bedürftiges Object erkennt das Elaborat der Siebenundsechziger-Commission namentlich die **indirecten Steuern**, „weil es bei einer gesonderten Behandlung derselben in dem Falle, als beide Theile es jetzt oder in Zukunft für zweckmäßig erachten, daß zwischen den einzelnen Ländern keine Zwischenzollschranken und Cordonlinien errichtet werden, geschehen könnte, daß durch die Beschlüsse des einen Theiles die einschlägigen Einkünfte des zweiten Theiles zu nichte gemacht werden". Deßhalb schlägt die genannte Commission vor, daß durch „beiderseitige Vereinbarung für die mit der Industrie-Production in enger Verbindung stehenden indirecten Steuern, für deren gleichförmiges Verhältniß und für die Gebarung derselben solche Normen festgestellt werden, welche die Möglichkeit ausschließen, daß die eine Legislative oder die eine verantwortliche Regierung Maßregeln in diesem Puncte träfe, welche eine Verkürzung des Einkommens des anderen Theils nach sich ziehen könnten. Zugleich sollte auch für die Zukunft der Modus festgestellt werden, wonach die bei diesen Steuern einzuführenden Reformen durch beide Gesetzgebungen übereinstimmend würden entschieden werden".

Nach diesen Anschauungen gehört die Besteuerung des Tabaks von Hause aus in den Bereich der Landesfinanzen, und können die hierauf Bezug habenden Angelegenheiten nur dann und insoweit gemeinsam werden, als die beiden Reichshälften mit einander pactiren.

Da die Freiheit des Verkehrs zwischen beiden Reichshälften bereits seit Jahren zur Thatsache geworden, und im Interesse der wirthschaftlichen Entwickelung des Reiches an eine Wiederaufrichtung der Zwischenzollschranken wohl nicht gedacht werden kann, so besteht für uns kein Zweifel, daß die Vertretungen der beiden Reichshälften es als eine Nothwendigkeit anerkennen werden, sich nebst so vielem anderen auch über eine gemeinsame Besteuerung des Tabaks zu einigen; nur das Wie der Vereinigung, der Inhalt eines solchen Pactes, kann unserer Meinung nach in Frage kommen. Es könnte nämlich die Absicht hervortreten, das bisherige Monopol zu beseitigen und den Verbrauch des Tabaks in anderer Art zu besteuern, oder man könnte gar eine Auflage auf die Production, allein oder in Verbindung mit einer Verbrauchssteuer, für geeignet halten, das Monopol zu ersetzen.

Derartige Vorschläge reiflich zu erwägen, wird dann die eben so verantwortliche als schwierige Aufgabe aller jener sein, welche berufen sind, darüber ihre Stimme abzugeben.

Bei dem Widerstande, den unsere Zeit allem und jedem entgegensetzt, was dem in immer weitere Kreise treibenden Verkehre irgend welche Hemmnisse bereitet, und bei dem Einspruch, welchen die Wissenschaft mit Recht oder Unrecht gegen Monopole erhebt, haben auf Beseitigung derselben abzielende Vorschläge auf den ersten Blick unstreitig viel verlockendes an sich; allein der Forderung des freien Verkehrs können auf der anderen Seite nicht minder berechtigte Interessen gegenüber stehen, und theoretische Sätze können im Leben nicht weiter verwirklicht werden, als es eben die realen Verhältnisse gestatten. Aufgabe einer praktischen Politik wird es daher immer bleiben, die widerstreitenden Interessen gegen einander abzuwägen und die Geltung allgemeiner Grundsätze mit Rücksicht auf die vorhandenen Zustände zu begrenzen.*)

---

*) Wir stellen uns hiermit ganz auf den Standpunct der 1857 in Berlin unter dem Titel: „Der Zollverein und das Tabakmonopol" erschienenen Schrift, welche sich mit der damals angeregten Frage der Einführung des Tabakmonopols in den Zollverein in sehr eingehender und gründlicher Weise beschäftigt. Es heißt daselbst S. 24: „In beiden Ländern (Frankreich und Oesterreich) hat das Monopol schwere Krisen siegreich bestanden, in beiden Ländern liefert es eine beträchtliche, von Jahr zu

Demnach wird man auch in der vorliegenden Frage von folgenden thatsächlichen Voraussetzungen auszugehen haben. Das Tabakmonopol ist eine der Haupteinnahmequellen des österreichischen Staates; an eine Verzichtleistung auf dieselben kann bei der heutigen Lage der österreichischen Finanzen eben so wenig gedacht werden, als es möglich wäre, den Ausfall durch Erhöhung der bestehenden oder Einführung neuer Abgaben*) zu decken; es

Jahr über das Verhältniß der Bevölkerung hinaus steigende Einnahme, in beiden Ländern besteht es neben und mit Hülfe einer umfangreichen einheimischen Cultur, in beiden Ländern hat es nicht bloß die Gewohnheiten der großen Menge, sondern auch die wohlerwogene Ueberzeugung der Sachkundigen für sich gewonnen. Es ist ein wahrer Fortschritt in der Erkenntniß staatswirthschaftlicher Verhältnisse, daß man sich in der Würdigung so eminent praktischer Erfolge durch die Mißgunst nicht hat irre machen lassen, welche dem Namen des Monopols anklebt. Man kann alle Einwendungen der Wissenschaft gegen das Monopol zugeben, denn es wird durch diese Einwendungen allein noch nichts bewiesen. Ob diese Form der indirecten Besteuerung Nachtheile, selbst recht ernstliche Nachtheile zur Folge hat, entscheidet die Frage keineswegs. Es kommt allein darauf an, ob die Zollvereinsstaaten, sei es zur Bestreitung gestiegener Staatsbedürfnisse, sei es zum Erlaß oder zur Ermäßigung drückender Abgaben, einer neuen Haupteinnahmequelle bedürfen, ob die Besteuerung des Tabakverbrauches in Form des Monopols, unter den im Zollvereine obwaltenden Verhältnissen, eine solche Einnahmequelle darbieten kann, ob die mit der Einführung einer solchen Besteuerungsform verbundenen Nachtheile leichter wiegen, als die Dringlichkeit der gestiegenen Staatsbedürfnisse oder der Druck bestehender Abgaben, ob endlich diese Nachtheile geringer sind, als die Nachtheile anderer Finanzmaßregeln, welche zur Erreichung des Zweckes ergriffen werden müßten. Sind diese Fragen zu bejahen, so werden die Zollvereinsstaaten gewiß wohl thun, zur Einführung des Monopols zu schreiten."

*) Daß der Tabak zur Belegung mit einer hohen Verbrauchssteuer vorzugsweise geeignet ist, wird heutzutage wohl von niemandem in Abrede gestellt.

„Der Tabak ist ein sehr beliebtes und dabei vollkommen entbehrliches Genußmittel. Als ein beliebtes Genußmittel kann er, bei angemessener Besteuerung, die Quelle einer sehr hohen Einnahme werden; als ein entbehrliches Genußmittel kann er, ohne nachtheiligen Einfluß auf den Volkswohlstand, eine sehr hohe Steuer tragen. Eine Verbrauchssteuer vom Tabak hat keinen Einfluß auf die Höhe des Arbeitslohnes: sie trifft nicht, wie andere Verbrauchssteuern, denjenigen Familienvater am stärksten, der die zahlreichste Familie, also verhältnißmäßig die geringste Fähigkeit hat, sie zu tragen. Die entschiedensten Gegner hoher Verbrauchssteuern haben gegen eine sehr hohe Besteuerung des Tabaks nichts einzuwenden" (s. die vorcitirte Schrift S. 7).

So lange man in Oesterreich genöthigt ist, die bestehenden Steuern auf dem höchstmöglichen Ausmaße zu erhalten und so lange insbesondere Abgaben von Gegenständen erhoben werden, die sich weit weniger zur Belegung eignen: insolange, meinen wir, kann man in Oesterreich auch nicht aufhören, aus der Besteuerung des Tabakverbrauches den höchstmöglichen Ertrag zu ziehen; an dieser Nothwendigkeit wird auch die financielle Auseinandersetzung der Länder diesseits und jenseits der Leitha

würde daher bei Aufgebung des Monopols nichts anderes erübrigen, als an Stelle desselben eine andere Form der Besteuerung des Tabaks zu setzen, welche geeignet wäre, mindestens den bisherigen Ertrag des Monopols in gleich zuverlässiger Weise zu liefern.

Dies ist die erste, vom unabweislichen Bedürfnisse des Staates hergeleitete Cynosur, an welcher die oben angedeuteten, auf Aufhebung des Monopols gerichteten Vorschläge zu messen sein würden.

Die reinen Einnahmen aus dem Tabakmonopol betrugen in den österreichischen Ländern (mit Ausnahme Venetiens) im Durchschnitt der fünf Jahre 1860—1864 33,772,660 fl. österr. Währ.*) Es würde demnach zunächst die financielle Aufgabe jeder an Stelle des Monopols tretenden Besteuerungsart sein, einen gleich großen Betrag aufzubringen.**)

Die nachfolgende Betrachtung wird zeigen, daß an keine der außer dem Monopol möglichen Besteuerungsarten eine solche Erwartung geknüpft werden kann.

Da das Monopol in seiner Wesenheit nichts anderes ist, als eine besondere Form der Verbrauchssteuern, so liegt, wenn man sich mit der Aufsuchung einer anderen Besteuerungsart beschäftigt, der Gedanke am nächsten, sich dabei ebenfalls an den Verbrauch des Tabaks zu halten und denselben in ähnlicher Weise zu belegen, wie es bei anderen Consumtionsgegenständen der Fall ist. Warum sollte es nicht möglich sein, den Tabak, wie den Zucker, Branntwein u. dgl. zu besteuern? Neben der Besteuerung der Einfuhr, welche im Wege der Zollerhebung geschieht, käme es nur darauf an, bei den im Inlande erzeugten Producten den rechten Moment der Steuerbelegung zu finden; ohne Zweifel würde es sich am meisten empfehlen, die Steuer auf das zum Genuß fertige Fabricat zu legen. Diese Besteuerungs-

---

nichts ändern; denn die Sonderung an sich wird weder hüben noch drüben die Einnahmequellen vermehren.

*) Nämlich 1860 30,808,510 fl. ö. W.
     1861 32,236,776   „   „
     1862 36,772,937   „   „
     1863 34,686,458   „   „
     1864 34,408,500   „   „

**) Es hat auf unsere Darstellung keinen entscheidenden Einfluß, daß die vorstehende Ertragsnachweisung nur die effectiven Ueberschüsse jedes Jahres darstellt, bei welchen auf Verzinsung und Amortisirung des Anlagecapitals, Verzinsung des Betriebscapitals und Vermögensbilanz keine Rücksicht genommen ist. Wie sich aus dem Weiteren ergeben wird, prävalirt der Monopolsertrag der aus irgend einer anderen Steuerform zu erwartenden Einnahme in solchem Maße, daß man sich bei ersterem zu erheblichen Reductionen verstehen könnte, ohne der thesis probanda zu schaden.

art besteht in Rußland und seit 1860 im Königreich Polen, wo sie in der Form von gestempelten Papierschleifen (Banderolen) gefunden wird, die der Fabrikant von der Regierung zu beziehen und zum Verschluß seiner Waaren zu verwenden hat; zur Ueberwachung der Steuerentrichtung ist selbstverständlich eine sehr weit gehende Beaufsichtigung nothwendig: der Fabrikant muß den Rohstoff, die unverpackten und die verpackten Fabricate in gesonderten, von dem Fabrikslocal getrennten Räumlichkeiten aufbewahren, über Bestand, Zugang und Abgang genaue Aufschreibungen führen und darf seine Fabricate nur an befugte Tabakhändler verkaufen, welche ebenfalls über Bezug und Verkauf genau Buch führen müssen.

Bei dieser Steuerform reichen indessen alle nur denkbaren Controlen nicht aus, um die Entrichtung der Abgabe zu sichern. Der Grund liegt in der Beschaffenheit des steuerbaren Objectes. Die Tabakfabrication eignet sich zwar vorzugsweise für die große Industrie (und dies spricht eben zu Gunsten der Staatsregien), allein von den verschiedenen Formen, unter denen der Tabak genossen wird, ist es nur der Schnupftabak und der Kautabak, welcher vermöge der größeren Capitalsanlage, des Erfordernisses eigentlich technischer Bildung und der ausgedehnteren Benutzung mechanischer Hülfsmittel einen eigentlichen Fabriksbetrieb zur Voraussetzung hat; alles dieses ist jedoch zur Anfertigung von Rauchtabak und Cigarren nicht erforderlich; ein geringes Capital, einige Uebung und sehr wenige Werkzeuge reichen hin, um diese Tabaksorten zu erzeugen, welche denn auch in den Ländern, wo die Fabrication frei ist, einen Gegenstand der Nebenbeschäftigung der Landbevölkerung abgeben. Diese eigenthümlichen Verhältnisse, welche sich bei anderen Objecten der Verbrauchssteuer, wie Rübenzuckererzeugung oder Branntweinbereitung, nicht vorfinden, machen es selbst der schärfsten Ueberwachung nicht möglich, Unterschleife zu verhindern, zu denen ein um so größerer Anreiz gegeben ist, je höher die Steuer gegriffen wird. Diesen Umständen mag es auch zuzuschreiben sein, daß die Fabrikanten in Rußland gehalten sind, mindestens um 10,000 Rubel pr. Jahr Banderolen von der Regierung zu beziehen; allein dem Uebel scheint dadurch nicht abgeholfen zu sein, da die Einnahme vom Tabak im russischen Budget für 1862 nur mit 2,853,000 Rubel*) figurirt, während durch die erwähnte Maßregel der Bestand kleiner Etablissements unmöglich gemacht und ein Monopol weniger großer Fabriken geschaffen wird, wie es in Rußland thatsächlich der Fall ist.

---

*) Karl Frhr. v. Czoernig, Das österreichische Budget für 1862 in Vergleichung mit jenen der vorzüglicheren anderen Staaten, Wien 1862.

Wenn wir die eben dargestellte Besteuerungsart auf die österreichischen Consumtionsverhältnisse anzuwenden versuchen, so begegnen wir allerdings der Schwierigkeit, das richtige Verhältniß zwischen dem Zoll- und dem inländischen Steuersatze, zwischen der Einfuhr des ausländischen und dem Consum des inländischen Productes herauszufinden, da beides erst durch die Erfahrung in's Klare gestellt werden kann; allein für unseren Zweck wird es genügen, die gegenwärtig unter dem Monopol bestehenden Verhältnisse zur Grundlage zu nehmen. Der Gesammtverbrauch betrug im Durchschnitt der zehn Jahre 1851 — 1860 (somit einschließlich der italienischen Länder) 621,507 Wiener Ctr., wovon nach dem Ergebnisse des Jahres 1864 ca. 1200 Ctr. auf ausländische Fabricate entfallen.

Angenommen, daß in Folge der proponirten Besteuerungsart die Einfuhr fremder Fabricate auf 10,000 Ctr.*) und der Consum inländischer Producte auf 800,000 Ctr.**) steigen würde, und daß es möglich wäre, die einkommenden fremden Fabricate mit 100 fl. pr. Ctr.***) zu besteuern, so blieben von den 33 Millionen Gulden des Monopolsertrages noch 32 Millionen auf die 800,000 Ctr. inländisches Fabricat umzulegen, was auf den Centner 40 fl. oder ungefähr den gegenwärtigen Monopolsgewinn ergeben würde.

Der am Tage liegenden Unmöglichkeit, so hohe Abgabensätze bei einem Steuersysteme zu realisiren, welches dem Unterschleife so vielfache Gelegenheit zu lohnendem Gewinn darbietet, kann sich wohl selbst der blinde Eifer, um jeden Preis eine dem Monopolsertrage äquiparirende Steuer aufzufinden, nicht verschließen; man forscht demnach nach weiteren Anlässen, mit denen sich eine Steuerauflage verbinden ließe, und gelangt dadurch von selbst zur Besteuerung der **Rohproduction**.

Da aber die bloße Belegung des im Inlande erzeugten rohen Blattes (neben der Verzollung der aus dem Auslande kommenden Blätter und Fabricate) noch weniger als die alleinige Belastung der Fabrication geeignet ist,

---

*) 10,000 Centner geben ungefähr 100 Millionen Cigarren, während der gegenwärtige Regieverschleiß an Havana-Cigarren ca. 12 Millionen Stück beträgt.

**) Hiernach würden ungefähr 2½ Pfd. auf den Kopf der Bevölkerung kommen, was bei einem Steuersatze von fast 1 fl. pr. Kopf gegenüber der Consumtion im Zollverein von 3 Pfd. und ca. 2 Sgr. auf den Kopf gewiß nicht zu gering angenommen ist.

***) Dieser Zollsatz wäre um das Dreifache höher, als jener des Zollvereins; es beträgt nämlich der Zoll auf die Einfuhr von Tabak in den Zollverein:

   a) für unbearbeitete Tabakblätter und Stengel . . . . . . vom Ctr. 4 Rthlr.;
   b) für Rauchtabak in Rollen, abgerollte und entrippte Blätter, oder geschnitten; Carotten oder Stangen zu Schnupftabak, Tabakmehl und Abfälle . . . . " " 11 "
   c) für Cigarren und Schnupftabak . . . . " " 20 "

eine dem Monopolsertrage gleiche Summe zu liefern, vielmehr, wenn man dies versuchen wollte, zu finanziellen Monstrositäten führen würde,*) so wird man sich wohl damit behelfen müssen, die Besteuerung der Rohproducte mit und neben jener der Fabricate in Vorschlag zu bringen; man erreicht dadurch die Möglichkeit, den Steuersatz für beide zu vermindern und hierdurch die Sache plausibler zu machen.

Auf diese Weise gelangt man zu folgendem, dem Monopole zu substituirenden Steuersystem:

1. Zoll auf die Einfuhr
    a) des Rohstoffes,
    b) der Fabricate ;
2. Steuer auf die im Inlande erzeugten
    a) Blätter,
    b) Fabricate.

Um die Ertragsfähigkeit dieses Steuerprojectes zu prüfen, wollen wir, getreu dem bisherigen Vorgange, möglichst weit über die gegenwärtigen Consumtionsverhältnisse des österreichischen Monopolsgebietes hinausgehen, annehmen, daß der jährliche Verbrauch an inländischen Fabricaten sich bis zu einer Million Centner ausdehnen, daß hierzu ungefähr 300,000 Ctr. ausländischer und 700,000 Ctr. inländischer Rohstoff zur Verwendung kommen und daß die Einfuhr fremder Fabricate 10,000 Ctr. betragen werde.**) Für

---

*) Die Einfuhr ausländischer Blätter hat in den Jahren 1851—1860 durchschnittlich 205,000 Centner betragen. Die Einlösung der inländischen Blätter belief sich im Durchschnitt der Jahre 1861—1865 auf 655,000 Ctr. bei einer Anbaufläche von 77,000 niederösterreichische Joch und einem Ertrage von 8½ Ctr. pr. Joch. Wenn man auch annehmen wollte, daß die Einfuhr roher Blätter auf 300,000 Ctr. steigen würde, so würde die Einnahme bei einem Zolle von 30 fl. pr. Ctr. doch nur 9 Millionen Gulden ausmachen, wozu sich noch für die oben angenommene Einfuhr von 10,000 Ctr. Fabricaten à 100 fl. der Betrag von 1 Million gesellen würde. Es blieben daher vom Monopolsertrage noch 23 Millionen zu decken, was bei einer Anbaufläche von 80,000 Joch eine Auflage von 287.5 fl. pr. Joch und bei einem Durchschnittsertrage von 8½ Ctr. pr. Joch eine Steuer von ca. 33.8 fl. pr. Ctr. ergeben würde!

**) Daß diese Annahmen nicht zu gering sind, ergiebt sich aus dem Vergleich mit dem Zollverein, dessen Consumtion nicht über 1 Million geschätzt wird und wo ungeachtet des relativ niedrigen Zolles in den Jahren 1854—56 durchschnittlich pr. Jahr nur

    428,084 Ctr. rohe Blätter,
      9,421 „ Rauchtabak in Rollen, entrippte Blätter, Stangen zu Schnupftabak,
    10,778 „ Cigarren und
        93 „ Schnupftabak
eingeführt wurden. Die Zolleinnahme betrug 2,033,387 Rthlr. (s. die Schrift: Der Zollverein und das Tabakmonopol).

den Einfuhrzoll wollen wir bei Blättern den Satz von 30 fl., bei Fabricaten jenen von 100 fl. beibehalten, woraus sich nach den obigen Positionen eine Einnahme von 9 Millionen und 1 Million, zusammen 10 Millionen Gulden ergiebt; es erübrigen somit von der Monopolseinnahme pr. 33 Millionen noch 23 Millionen; vorausgesetzt, daß es möglich wäre, die inländischen Fabricate mit 10 fl. zu besteuern, somit von 1 Million Centner 10 Millionen Gulden einzunehmen, so blieben schließlich noch 13 Millionen Gulden, welche, auf das inländische Rohproduct pr. 700,000 Ctr. umgelegt, eine Auflage von ca. 18$\frac{1}{2}$ fl. pr. Ctr. oder ca. 157$\frac{1}{4}$ fl. pr. Joch Anbaufläche erfordern würden. Da das Bruttoerträgniß eines n. ö. Joches der in den ungarischen und galizischen Ländern mit Tabak bepflanzten Grundstücke in den Jahren 1861—1865 durchschnittlich nur 70.2 fl. betragen hat, so würde die nach vorstehender Berechnung entfallende Auflage den Rohertrag mit ca. 224 Proc. beschweren. Es bedarf keiner weiteren Auseinandersetzung, um die Unmöglichkeit einer solchen Auflage und damit die Haltlosigkeit des ganzen Projectes darzuthun.

Es hat aber auch die Erfahrung unwiderleglich bewiesen, daß es nicht möglich ist, den durch das Monopol erzielten Steuerertrag durch Auflagen auf die Production, Fabrication und den Handel zu ersetzen.

Wie bereits oben erwähnt, hat in den österreichischen Ländern in den Jahren 1704—1723 ein Tabakaufschlag bestanden. Durch das Patent vom 5 October 1704*) wurde der Appalto aufgehoben, der Commerz mit Tabak freigegeben und dafür ein Aufschlag theils auf Tabak, theils auf die Verkaufslocalitäten eingeführt.**)

Allein schon mit Patent vom 2 Januar 1706***) wurde „wegen der ungeachtet des freien Anbaues, Einfuhr und Verkehrs entstandenen Gravamina, daß der Aufschlag für den einheimischen Tabak zu hoch und die Taxe pro jure vendendi eine unerschwingliche Gewerbsteuer wäre", letztere Taxe ganz aufgehoben und der Aufschlag auf inländischen Tabak auf die Hälfte

---

*) Codex Aust. III. 471.

**) Der Aufschlag, welcher von allem, theils aus dem Auslande, theils aus der inländischen Erzeugung in den Verkehr kommenden Tabak erhoben wurde, betrug anfänglich:

    für Blätter und Rauchtabak . . . . pr. Pfd. 9 kr.

    „ Schnupf- und Brasil-Rauchtabak . . . . „ 18 „

    „ spanischen und anderen Schnupftabak mit Geruch . . . . „ 24 „

Der vierteljährig zu entrichtende Aufschlag auf die Verkaufslocalitäten war auf Gewölbe mit 28 fl. und auf Wirthshäuser mit 6 fl. ohne Unterschied des Standortes festgesetzt.

***) Codex Aust. III. 500.

herabgesetzt. Denselben Motiven entstammten die Moderirungspatente vom 27 März 1714 und 17 Juli 1722. *) In gleichem Maße, wie die nothwendig befundene Ermäßigung der Steuersätze, dürften auch die unklaren Bestimmungen des Gesetzes über den steuerbaren Moment und die dadurch begünstigte Gelegenheit zum Unterschleif dazu beigetragen haben, eine Steigerung der Staatseinnahme nicht aufkommen zu lassen.

Noch traurigere Versuche, den Monopolsertrag durch Auflagen zu ersetzen, wurden in der Periode von 1738—1764 gemacht, wo einzelne Provincialstände es unternahmen, sich durch eine Reluitionssumme für das Monopol abzufinden und den Abfindungsbetrag durch Auflagen auf den Tabak und durch **Personal-Tabaksteuern**) aufzubringen; die mährischen Stände gingen sogar so weit, zur Aufbringung der Reluitionssumme eine Kaminsteuer umzulegen.

Ueberaus lehrreich in dieser Beziehung ist aber die Geschichte der Tabakbesteuerung in **Frankreich**. ***)

Nachdem das Tabakmonopol in Frankreich schon seit dem Jahre 1674 bestanden und im Jahre 1790 bereits einen Ertrag von 30 Millionen Livres abgeworfen hatte, fiel es im Jahre 1791 trotz des Widerstreites von Barnave und Mirabeau, welche in dem Monopol einen der **einträglichsten und am wenigsten drückenden Einkommenszweige** erblickten, den neuen Ideen und dem Widerstande der tabakbauenden Provinzen zum Opfer. Die Nationalversammlung erklärte mit Beschluß vom 14 Februar 1791, daß der Anbau, die Fabrication und der Verschleiß des Tabaks im ganzen Königreiche jedermann freistehen, daß die Einfuhr fremden *fabricirten*

---

*) Codex Aust. III. 743. IV. 97.

) Etwaige Anhänger eines solchen Surrogates für eine rationelle Besteuerung des Tabaks verweisen wir auf die Patente für Ober- und Niederösterreich vom 18 und 20 December 1758 (Cod. Aust. V. 1302, 1309), wo sich interessante Schemen vorfinden, in denen „in Erwägung des beträchtlichen Vortheiles, so mittels der besseren Qualität und des leichteren Preises jedermann genießet", alle Classen der Gesellschaft, vom Fürsten und dem Prälaten bis zum gemeinen Manne herab, mit einem eigenen Steuersatze bedacht sind; auch Priorinnen und Klosterfrauen wurden nicht vergessen. Allein schon im Jahre 1764 wurden mit der Aufhebung der ständischen Abfindungen auch diese Steuern ad personas wieder abgeschafft, „weil dieselben den armen Unterthanen und sonderlich jenen, die keinen Tabak brauchen, dergestalt empfindlich gefallen, daß hierüber die bittersten Klagen laut geworden sind" (Pat. vom 1 Februar 1764). Mit dieser historischen Reminiscenz wollen wir uns gegenüber dem Projecte einer sogenannten **Rauchsteuer hier begnügen.

***) S. hierüber die Schrift: Mémoire sur les progrès de l'impot du tabac en France von Luhr, Paris 1861.

Tabaks fortan untersagt und daß die Einfuhr von Tabak in Blättern mit einer Abgabe von 25 Livres pr. Quintal belegt werden solle; für die Einfuhr auf französischen Schiffen direct aus Amerika wurde die Abgabe auf 18 Livres 15 Sous ermäßigt.

Der Vorschlag, in gleicher Weise auch die Fabrication und den Handel zu besteuern, blieb vorläufig vertagt.

So waren mit einem Schlage auch auf diesem Gebiete die Fesseln verschwunden; aber die Einnahme des Staates, auf einen bloßen Einfuhrzoll verwiesen, war fast auf Nichts reducirt.

Die Folgen machten sich bald geltend. Das Erste war eine bedenkliche Ueberhandnahme des Schmuggels, welcher jene Etablissements, die auf legalem Wege importirten, in ihrer Existenz bedrohte und die Nationalversammlung schon unterm 5 September 1792 bewog, die Einfuhrzölle zu vermindern; sie beschloß, den Zollsatz von 25 Livres auf 12 Livres, und jenen von 18 Livres 15 Sous auf 10 Livres herabzusetzen.

Diese Reduction bestand durch mehrere Jahre, während welcher die politischen Wirren es nicht gestatteten, sich dem Studium der materiellen Interessen zuzuwenden. Kaum war aber die Ordnung wieder einigermaßen hergestellt, so traten auch sogleich die financiellen Fragen in den Vordergrund. Unter den ersten war die Steuer auf Tabak. Anstatt der 30 Millionen, welche das Monopol im Jahre 1790 eingetragen hatte, warf der Eingangszoll bis zum Jahre 1797 kaum 1,800,000 Frcs. jährlich ab. Man glaubte, daß die Erhöhung des Zolles das beste Mittel der Abhülfe sei, und kehrte sofort zum Tarife von 1791 zurück.

Im Jahre 1798 war die Finanzlage von neuem der Gegenstand besonderer Untersuchung; die Tabaksteuer kam abermals zur Sprache; man beschloß, den Zoll auf fremden Tabak in dem Maße zu erhöhen, daß er eine Einnahme von 10 Millionen Frcs. abwerfe. Die Mittel zur Ausführung waren aber schwer zu finden. Bisher hatte man sich ausschließlich mit der Besteuerung der Einfuhr beschäftigt, und die Debatten befaßten sich lediglich mit den Unzukömmlichkeiten eines niebrigen Tarifes, welcher zu wenig eintrug, und eines hohen Tarifes, welcher zum Unterschleife reizte und so die erwarteten Einnahmen ebenfalls nicht brachte.

Man erkannte jetzt die Nothwendigkeit neuer Auflagen, um die decretirten 10 Millionen einzubringen. Mehrere Vorschläge wurden gemacht. Einer derselben ging dahin, den Einfuhrzoll auf 60 Frcs. zu erhöhen, das Verbot der Einfuhr fremden fabricirten Tabaks aufrecht zu erhalten, eine Abgabe von 40 Frcs. auf jeden Morgen des mit Tabak bepflanzten Landes zu legen, endlich auf Rechnung des Aerars Tabak zu fabriciren und zu verkaufen.*) Sowohl die beabsichtigte Besteuerung des Anbaues,**) als auch die Errichtung von Staatsfabriken***) fand heftige Angriffe. †)

Man vereinigte sich endlich im Jahre 1799 darin, daß unter Aufrechthaltung der Freiheit des Anbaues, der Fabrication und des Handels, so wie des Verbotes der Einfuhr fremden fabricirten Tabaks, der **Einfuhrzoll** für den Centner Tabakblätter auf fremden Schiffen mit 66 Frcs. und auf französischen Schiffen mit 44 Frcs. festgesetzt, zugleich aber auf die **inländischen Fabricate** eine Steuer von 4 Décimes pr. Kilogramm für Schnupftabak und von 2 Décimes für Rauchtabak gelegt werden solle.

Zahlreiche Controlmaßregeln, namentlich zu dem Zwecke, um die Einbringung der auf die Fabrication gelegten Steuer zu sichern, wurden eingeführt und im Jahre 1802 noch in erheblicher Weise verschärft. In demselben Jahre wurde die erwähnte Steuer für Rauchtabak auf 4 Décimes erhöht. Dessenungeachtet blieb die Einnahme des Staates, welche man bei dem Hinzutritt der Fabricationssteuer auf 12 Millionen veranschlagt hatte, in den fünf Jahren 1799—1803 unter 5 Millionen.

Man schritt deshalb zu neuen Maßregeln. Mit Gesetz vom Jahre 1804 wurde der Einfuhrzoll von 66 Frcs. (für fremde Schiffe) auf 100 Frcs. und von 44 Frcs. (für nationale Schiffe) auf 88 Frcs. erhöht und eine **Licenzgebühr auf Fabrication und Handel** gelegt, deren Größe nach dem Umfange des Geschäftes alljährlich festgestellt werden sollte. Außerdem wurde bei Einbringung der Auflage auf die Fabricate die Verbesserung eingeführt, daß dieselbe bezüglich der inländischen Blätter nicht mehr, wie bisher, nach der durch Schätzung ermittelten Leistung der Werksvorrichtungen, sondern nach der Menge der in die Fabrik eingebrachten Blätter erhoben wurde.

Verschärfte Ueberwachungsmaßregeln und harte Strafbestimmungen mußten zu Hülfe genommen werden, um ein Steuersystem aufrecht zu erhalten, welches bereits alle Zweige der Tabakindustrie, die Einfuhr, die Fabrication und den Handel beschwerte und mit hohen Abgaben belegte.

---

*) Dieser Vorschlag wurde unter anderem auch mit dem Argumente unterstützt, daß von vielen Privatfabriken der Tabak mit fremdartigen, der Gesundheit schädlichen Substanzen gemischt werde.

**) Man fand diese Auflage unpolitisch, vexatorisch, schwer zu erheben, übermäßig.

***) Die Gründe, die man dagegen anführte, sind dieselben, welche man noch heute im Interesse der Privatindustrie gegen jede Gewerbthätigkeit der Regierung geltend macht.

†) Indessen fand sich doch auch eine Stimme, welche sich offen für die Einführung des **Monopols** als einer sicheren und reichhaltigen Quelle des öffentlichen Einkommens aussprach.

Im Jahre 1806 wurde der Eingangszoll von 110 und 88 Frcs. auf 220 und 198 Frcs., im Jahre 1810 auf 440, resp. 396 Frcs. erhöht. Eben so wurden die auf die Fabrication und den Handel gelegten Licenzgebühren wiederholt erhöht. Die Abgabe von den Fabricaten wurde 1806 mit 8 Déc. pr. Kilogr. festgesetzt, außerdem mußten noch 2 Déc. pr. Kilogr. von den die Fabrik verlassenden Erzeugnissen entrichtet werden; amtliche Marken und Vignetten, womit dieselben versehen werden mußten, waren von 1808 an einer Abgabe von 1 Cent. pr. Stück unterworfen.

So vielfältig die Steueranlage, so complicirt wurde nach und nach auch der Controlapparat, welcher die Handhabung der Steuergesetze sichern sollte; auch der einheimische Tabakbau, welcher starken Anlaß zu Unterschleifen bot, mußte in die Ueberwachung einbezogen werden.

Von so gewaltigen Anstrengungen glaubte man erwarten zu können, daß sie eine erhebliche Steigerung der Staatseinnahme zur Folge haben würden. Indessen betrug dieselbe

im Jahre 1804 kaum 9 Millionen,
„   „   1805 12 Millionen und
„   „   1806 16 Millionen.

Anstatt in dieser Weise fortzuschreiten, machte sich in den folgenden drei Jahren ein erheblicher Ausfall bemerkbar; die Einnahme aus der Tabaksteuer betrug nämlich

im Jahre 1807 14.5 Millionen Francs,
„   „   1808 13.3   „   „
„   „   1809 13.7   „   „

Die Unmöglichkeit, auf dem bisher eingeschlagenen Wege zu jenem Ertrage zu gelangen, dessen die Besteuerung des Tabakverbrauches fähig ist, betrachtete man nun als durch die Erfahrung unwiderleglich nachgewiesen.

Man kehrte zum Monopol zurück, welches mit dem kaiserlichen Decret vom 29 December 1810 wieder eingeführt wurde.

Die von demselben gehegten Erwartungen wurden nicht getäuscht. Vom 1 Juli 1811 bis Ende 1814 betrug die Einnahme 93,355,842 Frcs. oder durchschnittlich 26.7 Millionen Frcs. pr. Jahr. Seitdem war der Ertrag von Jahr zu Jahr in steter Zunahme begriffen.

Derselbe betrug

im Jahre 1815 — 32 Millionen Francs,
„   „   1825 — 44   „   „
„   „   1835 — 51.7   „   „
„   „   1845 — 82.5   „   „
„   „   1855 — 113.8   „   „
„   „   1862 — 163   „   „

So glänzende Erfolge waren es denn auch, welche dem Monopol in Frankreich zum Siege verhalfen, so oft die Frage des Fortbestehens dieser Institution, welche in Frankreich gesetzlich nur für eine gewisse Periode*) genehmigt wird, in den Kammern zur Sprache kam. Die Kammerdebatten und das wichtige öffentliche Interesse, welches sich daran knüpfte, waren auch die Ursache, daß die Besteuerung des Tabakverbrauches in Form des Staatsmonopols stets auf's neue erörtert wurde. Eine auffallend reiche Literatur,**) worin die Resultate dieser Forschungen niedergelegt sind, giebt Zeugniß von der Gründlichkeit, mit der man die Sache nach allen Seiten erörterte, und von dem Ernste, womit man diesen Gegenstand behandelte. Männer der Wissenschaft wie der Praxis sprachen sich wiederholt über die Zweckmäßigkeit dieser Besteuerungsform aus. Ein besonders eingehendes Studium aller einschlägigen Fragen ließ sich jene Commission angelegen sein, welche die französische Deputirtenkammer im Jahre 1835 zu diesem Zweck eingesetzt hatte. Diese Commission erstattete im Jahre 1837 über das Ergebniß ihrer Untersuchungen Bericht und half damit nicht wenig die Ueberzeugung begründen, daß eine **hohe Einnahme vom Tabak auf die am wenigsten lästige Weise nur durch Besteuerung des Verbrauches in Form des Monopols** beschafft werden kann.***)

Zur Beleuchtung dieses Satzes wollen wir den oben begonnenen Vergleich des Tabakmonopols mit anderen Besteuerungsarten, welche an dessen Stelle gesetzt werden könnten, weiter fortführen.

Die eminenten Erfolge, welche das Monopol aufzuweisen hat und welchen andere Besteuerungsarten, wie man dieselben auch einrichten mag, nicht im entferntesten nachkommen können, sind nämlich nicht der einzige Vorzug, welcher dem ersteren vor den letzteren eingeräumt werden muß, während angebliche, dem Monopol anhaftende Mängel bei anderen Besteuerungsarten, vorausgesetzt, daß dieselben einen hohen Ertrag abwerfen sollen, in weit größerem Maße hervortreten.

Es ist einer der obersten Grundsätze bei Veranlagung der Verbrauchssteuern, daß dieselben sich so eng als möglich dem Momente des Verbrauches anzuschließen haben; das Monopol entspricht dieser Anforderung in exacter

---

*) Ehedem für je fünf Jahre, seit 1840 auf je zehn Jahre.
**) Angaben hierüber enthält die vorcitirte Schrift von Tuhr.
***) v. Hock (die Finanzverwaltung Frankreichs, Stuttgart 1857) berechnet die Tabaksteuer in Frankreich mit 450 Procent vom Werthe des verkauften Tabaks und bemerkt hierzu, diese einzige Thatsache reiche hin, die Unmöglichkeit darzuthun, den Ertrag des Tabakmonopols durch eine andere Art der Belegung des Tabakverbrauches je zu erreichen.

Weise, die Steuerforderung richtet sich unmittelbar an den Consumenten, die Entrichtung der Steuer geht unmittelbar von demjenigen aus, dem sie auferlegt ist. Weder beim Zolle, noch beim Aufschlage auf inländische Fabricate ist dies auch nur in annähernder Weise der Fall; beide müssen von einem anderen, als der sie entrichten soll, vorgeschossen werden, und was gar die Besteuerung der Rohproduction betrifft, so ist zwischen der Entrichtung der Steuer und dem Verbrauche des Gegenstandes ein langer Zwischenraum offen, innerhalb dessen eine Menge Zufälle eintreten können, welche die Ueberwälzung der Steuer illusorisch machen. Beim Monopol tritt die Steuerforderung erst in dem Momente auf, wo der Gegenstand die Staatsniederlage verläßt, und sie kommt gar nicht zur Existenz, wenn der Gegenstand früher zu Grunde geht; bei allen anderen Steuerarten wird die Steuer um so viel früher fällig, je weiter der steuerbare Moment und der Act des Verbrauchs auseinander liegen; Folge davon ist, daß der Consument, wenn anders die Production bestehen soll, nebst der Steuer auch die Zinsen, die in der Zeit auflaufen, binnen welcher der versteuerte Gegenstand seinen Weg zu ihm zurücklegt, tragen muß, so wie nicht minder die Steuer auf jene Gegenstände, welche ohne Erlangung einer Steuerrestitution verloren gehen. Es ist daher eine arge Täuschung, wenn man glaubt, daß bei anderweitiger Umlegung des Monopolsertrages der Consument billiger bedient werden würde, als von der Staatsregie, welche ihm keine Steuerzinsen und keine Steuerverluste aufzurechnen hat.

Ein weiterer Vorzug des Monopols besteht darin, daß es einzig und allein in der Lage ist, die Steuer nach der Qualität der Waare, somit nach der Leistungsfähigkeit des Consumenten einzurichten; der Werth des Tabaks in den verschiedenen Formen, unter denen er zum Genusse kommt, und in den verschiedenen Qualitäten, wonach er im Handel taxirt wird, variirt mehr als bis zum Tausendfachen in den mannichfaltigsten Abstufungen, welchen weder der Zoll, noch der inländische Aufschlag auch nur annähernd folgen können, geschweige denn die Steuer auf die inländische Rohproduction, wenn man diese etwa nach dem Ausmaße der zur Production verwendeten Grundstücke umlegen wollte.

Ein dritter Vorzug der Monopolsform besteht endlich in der Leichtigkeit und Sicherheit der Einnahme auf Seiten des Staates und in dem Mangel jeder Belästigung auf Seiten des Steuerträgers, in dessen Belieben die Entrichtung der Steuer gestellt ist; es ist daher bei dem Monopol von Steuer=Restitutionen, Nachlässen und Befristungen keine Rede; letzterer Umstand gewinnt insbesondere dort eine erhöhte Bedeutung, wo eine hohe Abgabe von der Rohproduction entrichtet werden soll. Wer nur einigermaßen mit den einschlägigen Verhältnissen vertraut ist, weiß, daß die Mehrzahl der Tabakpflanzer ohne Vorschüsse nicht bestehen kann, welche ihnen in der Zeit, während welcher die Ernte auf dem Felde steht und in ihrer Verwahrung ist, unter dem Namen von Joch= und Schnurgeldern verabreicht werden; wie kann man ihnen nun zumuthen, eine Steuer zu zahlen, welche den Werth der Fechsung weit übersteigt, ja vielleicht sogar höher ist, als der Werth des Grundstückes? Und wenn das Unmögliche möglich gemacht werden soll, wird man mit der Steuerentrichtung nicht warten müssen, bis der Grundbesitzer Gelegenheit bekommen hat, sein Erzeugniß an Mann zu bringen? und soll dann der Käufer, sei es ein Händler oder Fabrikant, die Steuer sofort ent= richten, während ihm vielleicht erst nach Jahren der weitere Vertrieb der Waare möglich ist? Nach welchen Grundsätzen will man die Steuercreditirun= gen normiren? So könnte man noch lange fragen, ohne von jenen, welche derlei Projecte befürworten, irgend welche Auskunft zu erlangen.

Um so eifriger preist man dagegen die Wohlthaten, von welchen die Freigebung des Anbaues, der Fabrication und des Verkehrs begleitet sein, den Aufschwung, welchen die Tabakindustrie beim Wegfall der Fesseln, welche ihr das Monopol anlegt, nehmen würde. Allein auch hier begegnen wir den gleichen Illusionen.

Daß die Grenzbewachung bei hohen Zollsätzen um nichts geringer werden könnte, als sie beim Bestehen des Monopols erforderlich ist, bedarf keiner weiteren Auseinandersetzung. Es ist ferner bereits früher gezeigt wor= den, daß bei Veranlagung einer Fabricationssteuer die schärfste Aufsicht über die Fabriken und deren Gebarung eintreten müßte. *) Nicht minder müßte der Anbau des Tabaks allen jenen Maßregeln unterworfen bleiben, welchen er unter der Herrschaft des Monopols unterworfen ist. Mit Einem Worte, der bisherige Einfluß der staatlichen Aufsicht und Ueberwachung könnte sich in nichts verringern; weit eher könnte es geschehen, daß noch schärfere und umfassendere Controlmaßregeln nothwendig würden. Denn während das Monopol in mancher Beziehung lediglich durch das Verbot wirkt und dadurch viele controlbedürftige Unternehmungen fern hält, schafft die Frei= gebung der Production und des Verkehrs eine Menge neuer Unternehmungen und vervielfältigt auf solche Weise die Objecte der Ueberwachung; während beim Monopol niemandem, als dem Consumenten eine Steuerentrichtung zugemuthet wird, belasten andere Steuersysteme alle Zweige der Production und des Verkehrs mit drückenden Abgaben und erhöhen dadurch den Reiz

---

*) Vergl. das russische Ueberwachungsreglement bei Frhr. v. Reden: Das Kaiserreich Rußland (Berlin 1843, S. 562).

zum Unterschleife; denn der Antrieb, sich von einer hohen Abgabe zu befreien, wirkt weit stärker, als die bloße Aussicht auf unerlaubten Gewinn, welche durch die hohen Monopolspreise eröffnet wird; während endlich die Monopolsverwaltung in der Lage ist, ihre Erzeugnisse mit ausreichenden Kennzeichen ihres Ursprunges zu versehen, gehen dort, wo sich die Production in Privathänden befindet, alle Anhaltspuncte für die Beurtheilung des Ursprunges der Waare verloren.

Wir schließen diese Parallele, bei welcher wir stets an der Voraussetzung festgehalten haben, daß es sich darum handelt, den Monopolsertrag durch eine anderweitige Besteuerung des Tabaks einzubringen. Die dagegen angeführten Bedenken sollen dazu beitragen, die Ueberzeugung zu begründen, daß alle Versuche zu jenem Resultate zu gelangen, eben so wenig der Production und dem Handel die in Aussicht gestellte Freiheit und Entwickelung verschaffen können, als sie im Stande sind, dem Staate zu der Einnahme aus einer Steuerform zu verhelfen, deren Aufgebung ihm zugemuthet wird.

Wirkliche Freiheit der Production und des Verkehrs ist eben nur möglich, wenn der Staat auf seine hohe Einnahme verzichtet;*) beides vereinigen wollen, heißt unmögliches anstreben.

---

*) Von dieser Art sind die Einrichtungen im deutschen Zollverein, wo neben dem Eingangszoll nur in den nördlichen Vereinsstaaten eine mäßige Tabaksteuer erhoben wird. Sie beträgt unter Annahme eines Steuersatzes von $^1/_3$ Rthlr. für den Ctr. getrockneter Blätter und des Ertrages einer Mittelernte von $4^1/_2 - 6 - 7^1/_2$ und bis 9 Ctr. pr. Morgen, 3 Thlr., 4 Thlr., 5 Thlr. und 6 Thlr. pr. Morgen; in diese Classen sind in jedem einzelnen Kreise die Grundstücke nach ihrer Ertragsfähigkeit einzuschätzen.

Bemerkenswerth ist, daß schon im Jahre 1856, als von einer Erhöhung der Tabaksteuer in den Zollvereinsstaaten die Rede war, viele ansehnliche Tabakfabrikanten und Tabakhändler des Zollvereins in einer Denkschrift d. d. Hannover 30 Juni 1856 dagegen Vorstellung erhoben, worin sie unter anderem geltend machten, daß der Tabak im Zollverein bereits mit 25 Procent seines Werthes besteuert sei.

Trotzdem wird niemand in Abrede stellen, daß die Besteuerung im Zollverein an sich höchst gering sei. Wir führen bei dieser Gelegenheit an, was L. Stein (Finanzwissenschaft, Leipzig 1860) über eine niedrige Tabaksteuer bemerkt: „Sie ist ein ganz offenbarer Widerspruch mit jedem richtigen Steuerprincip und bringt deshalb nicht einmal einen scheinbaren Nutzen. Es ist principiell verkehrt, einen Verbrauch nicht im Verhältniß zu seiner Steuerkraft zu belasten; es ist praktisch verkehrt, dies nicht zu thun, weil die Steuersumme, welche der betreffende Artikel hätte aufbringen sollen und ohne Nachtheil hätte aufbringen können, alsdann auf einen anderen Verbrauch gelegt werden muß, der bereits im Verhältniß zu seiner Steuerkraft besteuert ist. Die geringe Steuer auf eine große Steuerkraft ist daher nicht nur ein Widerspruch mit den absoluten Forderungen des Steuerwesens und nicht nur keine Erleichterung der Besteuerten, da sie die betreffende Summe doch aufbringen müssen, sondern sie ist,

Ueberwiegt nun das Interesse des Staates, die ihm bisher aus der Besteuerung des Tabakverbrauchs zugeflossene Einnahme zu sichern, so bleibt nichts anderes übrig, als die Monopolsform, wodurch dieses allein möglich ist, beizubehalten. Die Entscheidung fällt um so leichter, als die wichtigsten Bedenken, welche im Interesse der Volkswirthschaft gegen diese Steuerform erhoben werden, sich auf die Frage der **Einführung derselben** beziehen und also dort wegfallen, wo das Monopol **bereits besteht** und, wie in Oesterreich, durch jahrelange Uebung feste Wurzel gefaßt hat. Es wird sich dort vielmehr noch darum handeln, zu untersuchen, welche Folgen von der Aufhebung des Monopols (nebst dem Wegfalle der hohen Einnahme) zu erwarten wären.

III.

Zu den allgemeinen Vorzügen der Besteuerung des Tabakverbrauches in Form des Monopols, deren wir im vorhergehenden Abschnitte gedachten, gesellt sich noch ein besonderer Umstand, welcher bei der Frage nach dem Bestande dieser Steuerform in Oesterreich von großer Bedeutung ist. Es ist dieses die große **Entwickelung**, deren das Tabakmonopol in Oesterreich nach seinem dermaligen Stande noch fähig erscheint. Unter allen indirecten Abgaben ist keine, deren Ertrag so sehr von der Prosperität der Steuerträger abhängt, als die Auflage auf den allgemein eingebürgerten und doch nicht unentbehrlichen Genuß des Tabaks. Zwar ist die Consumtion bezüglich des Quantums in Oesterreich fast um die Hälfte größer, als jene in Frankreich,*) allein in der Einnahme wird ersteres von letzterem weit übertroffen. Während im Jahre 1858 die reine Einnahme in Oesterreich 26,906,275 fl. betrug, war sie in Frankreich schon auf 50,896,950 fl., somit um 89.4 Proc. höher gestiegen. Die Ursache dieser Erscheinung liegt zum Theil in den günstigeren Absatzverhältnissen,**) zum Theil in den höheren Verkaufspreisen Frankreichs. In den Jahren 1851—1858 betrugen im Durchschnitt für 1 Wiener Centner:

---

wie jede verkehrte Steuereinrichtung, geradezu eine Vermehrung der Steuerlast durch irrationelle Vertheilung derselben."

*) Sie betrug in den Jahren 1851—1858 in Oesterreich 13.27, in Frankreich 9.12 Pfund auf den Kopf der Bevölkerung, somit in Oesterreich mehr um 45.5 Proc.

**) Zu diesen gehört namentlich der verhältnißmäßig große Absatz an der einträglichsten Tabaksorte, nämlich an Schnupftabak. Frankreich verkaufte davon im Jahre 1862 an 130,000 Wiener Ctr., während der Absatz in demselben Jahre in Oesterreich nur 53,021 Wiener Ctr. betrug.

der Verkaufspreis: in Frankreich 141.2 fl.
„ Oesterreich 69.7 „
die Selbstkosten: „ Frankreich 37.1 „
„ Oesterreich 33.3 „ *)
und der Gewinn: „ Frankreich 104.1 „
„ Oesterreich 36.4 „

Auf den Kopf der Bevölkerung entfiel ein Beitrag zu der Einnahme
in Frankreich 1.73 fl.
„ Oesterreich 1.15 „

Es ergiebt sich daraus, daß in Frankreich der Kopf der Bevölkerung um ungefähr die Hälfte mehr zur Monopolseinnahme beiträgt, als in Oesterreich, daß somit auch die Steuerkraft der Bevölkerung in Frankreich in demselben Verhältniß mehr in Anspruch genommen wird und, wie man annehmen muß, auch mehr in Anspruch genommen werden kann, als in Oesterreich.

Im Durchschnitt der Jahre 1851—58 hat in Oesterreich der Verschleiß ca. 620,000 Centner, die Ausgabe ca. 20 Millionen Gulden betragen. Wäre das Verschleißquantum um den französischen Debitpreis pr. 141 fl. verkauft worden, so hätte man eine durchschnittliche Einnahme von ca. 67 Millionen Gulden erzielt.

Wenn nun auch die Consumtionsverhältnisse in Oesterreich dem Monopolsertrage nicht so günstig sind, und wenn auch die sonstigen Zustände in Oesterreich eine so strenge Controle nicht zulassen, wie in Frankreich,**) so ist

---

*) Damit widerlegt sich die oft gehörte Behauptung, daß Oesterreich theurer producire, als Frankreich; auch E. Pfeiffer (Die Staatseinnahmen, Stuttgart, 1866) ist in demselben Irrthum befangen; wenn in Frankreich das Verhältniß der Roheinnahme zur Reineinnahme sich günstiger stellt, als in Oesterreich, so kann der Grund hiervon eben so in den höheren Verkaufspreisen, als in der (vermeintlichen) wirthschaftlichen Gebarung liegen, und es widerstreitet den Gesetzen der Logik, dort, wo eine Wirkung mehrere Ursachen haben kann, von ersterer auf das Dasein einer der letzteren schließen zu wollen. Auch darin irrt Pfeiffer, daß Frankreich drei Mal so viel Absatz hat, als Oesterreich; im Gegentheil war derselbe in den Jahren 1851 bis 1858 in Oesterreich um die Hälfte größer als in Frankreich.

**) Vergl. hierüber v. Hock, Finanzverwaltung Frankreichs. Insbesondere gehen die Controlen des Anbaues darauf hinaus, jedem Pflanzer das durch successive Ernteerhebungen ermittelte Soll der von ihm abzuliefernden Tabakmenge vorzuschreiben. Was davon abgeht, hat er nach den Monopolspreisen in Geld zu begleichen.

Die österreichischen Vorschriften kennen nur eine Ahndung im Wege des Gefällsstrafverfahrens; es muß daher vorerst bewiesen sein, daß ein Unterschleif stattgefunden hat; alle Erhebungen auf dem Felde und in den Aufbewahrungsorten liefern dazu nur mehr oder weniger brauchbare Anhaltspuncte und dienen im übrigen bloß

doch aus obiger Darstellung so viel ersichtlich, daß die Monopolseinnahme in Oesterreich noch einer erheblichen Steigerung fähig ist und daß diese Steigerung in demselben Maße eintreten kann, in welchem der Wohlstand und damit die Steuerkraft der Bevölkerung zunimmt. Diese Entwickelungsfähigkeit ist keiner der in Oesterreich bestehenden Steuern eigen, am wenigsten einer jener Steuerformen, welche an Stelle des Monopols gesetzt werden sollen, und es wird demnach diese vom financiellen Gesichtspuncte nicht hoch genug anzuschlagende Eigenschaft schwer in's Gewicht zu fallen haben, wenn es sich um die Frage des Fortbestehens des Monopols handelt.

Nicht minder als die Staatsfinanzen haben aber auch die **tabakbauenden Länder**, und unter denselben namentlich **Ungarn**, da es der Regie die größte Menge Rohstoff liefert, **ein Interesse an dem Fortbestehen des Monopols**. Es ist schon aus dem Vorhergehenden unzweifelhaft zu entnehmen, daß die Tabakcultur der ungarischen Länder bei einer übermäßigen Belastung der Production, wie solche zur Einbringung der Monopolseinnahme erforderlich wäre, nicht zunehmen, sondern vielmehr abnehmen müßte, und zwar aus dem Grunde, weil die hohen Auflagen und die zur Sicherstellung derselben erforderlichen Controlen den Tabakbau nicht erleichtern, dagegen die Zulassung fremder Producte und der bei hohen Zöllen unvermeidliche Schmuggel ihm die Concurrenz bedeutend erschweren würden. Wir gehen aber noch weiter und stellen die Behauptung auf, daß auch bei einer mäßigen Steuer, etwa bei einer solchen, welche gegenwärtig in den nördlichen Zollvereinsstaaten besteht, die Tabakproduction Ungarns nicht auf jenen Absatz zählen könnte, dessen sie gegenwärtig unter der Vermittelung der Monopolsregie sicher ist.

Von jeher und im Laufe der Jahre immer mehr hat sich die Regieverwaltung daran gewöhnt, ihren Bedarf an Rohstoff aus Ungarn zu beziehen, während der Tabakbau in den übrigen österreichischen Ländern nach und nach eingestellt wurde. Insbesondere entwickelte sich dieser Verkehr, als bei Uebernahme des Gefälles in eigene Regie von derselben eigene Einkaufsämter in Ungarn errichtet wurden,*) deren Aufgabe es war, den Einkauf mit möglichster Beseitigung aller Zwischenhändler unmittelbar von dem Pflanzer zu besorgen. Als im Jahre 1818 dieses Verhältniß dadurch einen zeitweiligen Abbruch erlitt, daß die Einkaufsämter aufgehoben und die Anschaffungen der Regie im Lieferungswege bewirkt wurden, machten sowohl

---

administrativen Zwecken. Eine Controle mit dem Effecte wie in Frankreich erscheint nach den dermaligen Verhältnissen in Ungarn nicht ausführbar.

*) 1784 in Pest, 1797 in Debreczin, Szegedin und Tolna.

die Monopolsverwaltung, als auch die Pflanzer traurige Erfahrungen,*) bis im Jahre 1843 die Einlösungsämter in Ungarn reactivirt wurden, nachdem man schon von 1836 an alljährlich Commissionen zum Tabakeinkaufe in die Hauptstationen entsendet hatte.

Die gesammte Production wird für die Jahre 1818—27 mit durchschnittlich 400,000 Centner angegeben, wovon 200,000 Ctr. auf die eigene Consumtion und 117,533 Ctr. auf die Ausfuhr in die übrigen österreichischen Provinzen kommen.**)

Im Durchschnitt der Jahre 1831—50 ist die Ausfuhr in's Ausland . . . . mit 56,340 Ctr.
der Ankauf von Seiten der Monopolsregie . . . „ 224,795 „
und die Landesconsumtion . . . . „ 196,349 „
somit die Gesammtproduction . . . . „ 477,484 Ctr.

berechnet worden, welche bei einem Ertrage von 8.5 Ctr. pr. Joch einer Anbaufläche von ca. 56,000 Joch entspricht.

Nach Einführung des Monopols in den ungarischen Ländern betrug im jährlichen Durchschnitt in der Periode

	1851—1860	1861—1865
die Regieeinlösung	595,397 Ctr.	562,408 Ctr.
„ Einlösungsgebühren	4,990,554 fl.	4,756,185 fl.
das Anbauareal	63,159¾ Joch	71,325⅔ Joch.

Man kann hiernach die in den Jahren 1851—1865 von der Regie bezogene Tabakblättermenge rund mit 580,000 Ctr. pr. Jahr annehmen.

Die Consumtion hat in der Periode

	1851—1860	1861—1865
im ganzen Monopolsgebiete	621,507 Ctr.	657,661 Ctr.
in den ungarischen Ländern	193,545 „	188,361 „

durchschnittlich pr. Jahr betragen; hiernach beträgt der Antheil der ungarischen Länder an der Gesammtconsumtion ca. 29 Procent. Wenn es gestattet ist, dieses Verhältniß auf die oben bezifferte Menge des von der Regie aus den ungarischen Ländern bezogenen Rohstoffes zu beziehen, so entfällt ein jährliches Durchschnittsquantum von ca. 412,000 Ctr. ungarischer Tabakblätter, welche in den außerungarischen Ländern jährlich zur Verwendung kommen.

Diese Summe repräsentirt den beiläufigen jährlichen Tabakabsatz Ungarns an die übrigen Länder des Kaiserstaates, und dieser Absatz ist es, welcher unserer Meinung nach bei Aufhebung des Tabakmonopols in Frage gestellt werden würde.

---

*) S. die Schilderung von A. v. Fenyes (Pest, 1843).
**) A. v. Fenyes.

Zur Begründung dieser Ansicht halten wir es vor allem für nothwendig, darauf aufmerksam zu machen, daß das System und die Einrichtung der Regieverwaltung einen wesentlichen Einfluß auf die Ausdehnung der ungarischen Tabakproduction ausgeübt hat; denn gleichwie es im Interesse der Monopolsregie gelegen ist, den Tabakbau auf wenige Gegenden zu concentriren, hat sie auch die mannichfachsten Beweggründe, die Tabakcultur dort, wo sie gestattet ist, möglichst zu befördern und den einheimischen Erzeugnissen die ausgebreitetste Verwendung zu geben. Die Fabrication der österreichischen Regie ist seit vielen Jahren darauf eingerichtet, den ungarischen Rohstoffen, wo immer deren Beschaffenheit es zuläßt, den Vorzug zu geben, und concurrirende ausländische Producte, namentlich deutsche, holländische und russische Blätter, finden regelmäßig erst Eingang, wenn die ungarischen Erzeugnisse nicht ausreichen. Es wird da überall nur auf die **Verwendbarkeit**, nicht auf den **Kostenpreis** gesehen.

Ganz anders würden sich die Verhältnisse gestalten, wenn bei freier Concurrenz nicht nur die Qualität, sondern auch der Preis der Waare entscheiden würde. Bekanntlich hängt der Werth des Tabakblattes nebst den inneren Eigenschaften desselben (Geruch, Geschmack, Brennbarkeit) noch sehr viel von seiner **Verwendbarkeit** zu den verschiedenen Tabakproducten ab: das Cigarren-Deckblatt hat mindestens den drei- bis fünffachen Werth der Cigarreneinlage, und letztere ist wieder werthvoller, als gleichgeartetes Pfeifengut. Es mag sein, daß der innere Gehalt des ungarischen Blattes im allgemeinen besser ist, als jener der Pfälzer und holländischen Blätter, aber bezüglich der Qualification zur Cigarrenfabrication sind die Ernten in der Pfalz und Holland weitaus ergiebiger, als jene in Ungarn;*) denn in dieser Beziehung hängt sehr viel von der Cultur ab, welche in der Pfalz und Holland auf einer hohen Stufe steht. Ein weiterer Vorzug der Tabakproduction in den letztgenannten Ländern, welcher nicht minder von der höheren Cultur derselben bedingt wird, besteht in der Ergiebigkeit rücksichtlich der Menge, welche das Zwei- bis Vierfache von dem beträgt, was in Ungarn auf demselben Areale erzeugt wird. Beides aber, die bessere Verwendbarkeit, wie die größere Menge des Erzeugnisses, erhöht den Werth der Production und stellt das Verhältniß der Kosten zu demselben günstiger dar: und hierin

---

*) Der Antheil an Cigarren-Deckblättern betrug daselbst

in der Periode	Centner	von der Gesammteinlösung von Centnern
1851—1860	36,172	595,397
1861—1865	12,229	562,408

liegt der Grund, warum die ungarische Tabakproduction mit den in der Tabakcultur vorgeschrittenen Ländern im Preise nicht concurriren kann.

Berücksichtigt man ferner, daß auch die Fabrication des Auslandes (des Zollvereins, Hollands, Belgiens, der Schweiz) auf einer sehr hohen Stufe steht und mit der Einfuhr der fremden Erzeugnisse der Verwendung inländischer Rohstoffe ein weiteres Terrain entzogen wird, so kann man sich der Befürchtung nicht verschließen, daß bei Aufhebung des Tabakmonopols die Mitwerbung des Auslandes dem ungarischen Erzeugnisse einen Theil seines bisherigen Absatzes entziehen werde.

Aber nicht bloß vom Auslande, sondern auch von der Concurrenz des Inlandes droht der ungarischen Tabakcultur die gleiche Gefahr. Es ist kein Zweifel, daß, wenn einmal das Vorrecht der ungarischen Tabakproduction gefallen ist, auch die übrigen Länder der Monarchie den Tabakbau aufnehmen werden. Die bessere Qualität des ungarischen Erzeugnisses wird es nicht verhindern, daß das Tabakgewächs der übrigen Länder wenigstens in den Erzeugungsdistricten Verwendung findet, gleichwie es jetzt dem österreichischen, mährischen und steierischen Bauer nicht einfällt, nach dem besseren ungarischen Weine zu fragen. Er hält sich einfach an das Product seiner Heimath. Der oberinnthaler Bauer, welcher mit dem schlechten Tabak (dem sogenannten Lauskraute) zufrieden ist, den er in den heimathlichen Thälern selbst zieht, giebt für das Gesagte schon jetzt ein bestätigendes Beispiel.

Nun betrug aber in den Jahren 1861—65 der Verbrauch an ordinären Pfeifentabaken in den deutsch-slavischen Kronländern mehr als 76 Proc. der gesammten Consumtion dieser Länder, daher, um diesen Bedarf zu decken, von dem oben ausgemittelten Quantum ungarischer Blätter, welches die nicht ungarischen Länder beziehen, ca. 313,000 Centner erforderlich werden. Durch die allgemeine Einführung des Tabakbaues in den österreichischen Ländern läuft die Tabakcultur Ungarns Gefahr, daß ihr dieser Absatz ganz oder theilweise entzogen werde.

Für derartige Verluste würden die ungarischen Länder auch in einer vermehrten Ausfuhr keinen Ersatz finden können. Freilich ist gerade das ein Punct, bezüglich dessen man sich übertriebenen Hoffnungen hingiebt; allein wenn es auch, namentlich in ökonomischen Dingen, nicht angeht, mit prophetischem Geiste eine bestimmte Ziffer zu fixiren, so ist es der genauen Kenntniß der thatsächlichen Verhältnisse, welche hier allein competent ist, dennoch gestattet, einen ausreichend sicheren Schluß auf die Zukunft zu ziehen.*)

---

*) Wohl läßt sich hierüber mit jenen nicht reden, welche in Anwendung des berühmten Spruches: Extra Hungariam etc. da meinen, die ganze Welt sehne sich

Die Ausfuhr ungarischer Tabakblätter war weder vor Einführung des Monopols, noch unter der Herrschaft desselben von einer solchen Bedeutung,*) daß sie gegenüber den massenhaften Mengen von Tabak,**) welche der Welthandel in den Verkehr bringt, irgendwie in's Gewicht fällt. Die Ursachen davon liegen theils in der übermächtigen Concurrenz fremder, namentlich amerikanischer Blätter, welche billige Rohstoffe und die nirgend zu ersetzenden feinen Cigarrentabake liefern, theils in dem beschränkten Bedarfe an ungarischen Blättern.

Wir wollen den letzteren bezüglich der europäischen Länder, welche hier allein in Frage kommen, näher in's Auge fassen.

Von den Grenz=Nachbarstaaten produciren sowohl die Türkei, als auch die Fürstenthümer Tabak nicht nur zur eigenen Consumtion, sondern auch zu einem bedeutenden Exporte. Insbesondere ist es die Türkei, welche gegenwärtig in Folge eigenthümlicher Steuerverhältnisse***) ordinäre türkische

---

nach ungarischem Tabak, oder man könne durch Veredlung desselben sogar den Havana entbehrlich machen. Hat man doch selbst schon behauptet, der ungarische Tabak werde nach Havana ausgeführt, um dort zur Erzeugung ächter Havana=Cigarren verwendet zu werden!

*) Nach den amtlichen Ausweisen über den Handel Oesterreichs im Verkehr mit dem Auslande sind im letzten Decennium vor Einführung des Monopols in Ungarn (1841—1850) 556,259 Ctr. ungarische Tabakblätter in's Ausland ausgeführt worden; sonach betrug die durchschnittliche Ausfuhr jährlich 55,626 Ctr.

In den Jahren 1853—1859 hat die österreichische Regie an die italienischen Staaten, so wie an Frankreich ungarische Tabake geliefert.

Im Jahre 1860 betrug der Export 65,765 Ctr.
„   „   1861   „   „   „   51,726 „
„   „   1862   „   „   „   38,614 „
„   „   1863   „   „   „   71,208 „
„   „   1864   „   „   „   81,983 „

**) Um davon einen beiläufigen Begriff zu geben, mögen hier einige Daten über die Tabakproduction der Vereinigten Staaten von Nordamerika ihre Stelle finden. Dieselbe betrug nach dem Berichte des Agricultural Department in Washington im Jahre 1860 429,390,771 amerikanische Pfund. Nach dem Ausbruch des Bürgerkrieges hat zwar der Anbau bedeutend abgenommen, er betrug aber immerhin
  im Jahre 1862   280,000,000 amer. Pfd.,
  „   „   1863   276,850,870   „   „
  „   „   1864   197,459,089   „   „
  „   „   1865   185,576,869   „   „
Die Ausfuhr im Jahre 1863 betrug 152,416,398 amer. Pfd.

***) Diese bestehen darin, daß aller in den türkischen Ländern in den Consum übergehende Tabak ohne Unterschied der Qualität einer Verzehrungssteuer von 12 Piaster pr. Oka unterliegt. Da aber gerade bei den türkischen Blättern die Qualität ungeheuer verschieden ist (2—200 Piaster pr. Oka), so folgt aus der unterschiedslosen

Blätter um so niedrige Preise bietet, daß ähnliche Waare, wie z. B. die ungarischen Gartenblätter selbst der wohlfeilsten Gattung, damit nicht Concurrenz halten können.

Was Rußland betrifft, so hat es von allen europäischen Staaten die größte Tabakproduction, von welcher nicht nur Schweden und Dänemark versorgt, sondern seit einigen Jahren auch bedeutende Quantitäten unter dem Namen Ukrainer und Saratower auf die deutschen Märkte gebracht werden; die russischen Tabake haben große Aehnlichkeit mit dem ungarischen und der Saratower Tabak steht jenem von Szegedin sehr nahe. Der meiste fremde Tabak, welchen Rußland bezieht, stammt aus den türkischen Ländern.

Nach England ist die Ausfuhr ungarischer Blätter über das Stadium des Versuches noch nicht hinausgekommen und verspricht in keiner Weise belangreich zu werden; die in Folge des hohen Zolles eigenthümlichen Verhältnisse bereiten dort der Einfuhr europäischer Blätter große Schwierigkeiten.*)

Belgien producirt selbst in hinlänglicher Menge. Holland, wo die Tabakcultur am höchsten steht, exportirt jährlich bedeutende Quantitäten.

In den Staaten des deutschen Zollvereins besteht ebenfalls ein ausgedehnter Tabakbau, dessen Ertrag auf 660—690,000 Ctr. geschätzt wird; hiervon entfallen allein an 300,000 Ctr. und darüber auf die badische und bayerische Pfalz.**)

Nach allen diesen Ländern wird und kann die Ausfuhr ungarischer Tabake nur gering sein; Cigarrenblätter kann Ungarn verhältnißmäßig nur wenig und nicht zu so billigen Preisen bieten, als die Pfalz und Holland; die Gartenblätter, welche allerdings eine Specialität des ungarischen Tabak-

---

Besteuerung der feinen und ordinären Waare, daß letztere zum großen Theil im Lande keinen legalen Consum findet und deshalb zu Spottpreisen an das Ausland abgegeben werden muß. Ein lehrreiches Exempel für die ungarische Production, welche einen so großen Antheil an ordinärer Waare liefert.

*) Der englische Markt ist sehr difficil, nicht bloß bezüglich der Qualität der Waare, sondern sogar auch in Betreff der Verpackung derselben. Geschnittene Tabake werden in England zu 2 Sh. 8 P. bis 3 Sh. pr. Pfund verkauft, während der Eingangszoll auf das rohe Blatt 3 Sh. 2 P. pr. Pfund beträgt; um dies möglich zu machen, muß der Rohtabak bei der Fabrication eine so große Menge Wasser aufzunehmen fähig sein, daß in der Gewichtszunahme nicht nur der Kostenpreis, sondern auch die Fabricationsauslagen, der Fabricationsgewinn u. s. w. Bedeckung finden. Man fordert daher, daß der Tabak wenigstens 35 Proc. Wasser aufnimmt, ohne dadurch seine Consistenz zu verlieren, und kauft demnach nur solches Schneidgut für den englischen Consum, welches vollständig trocken ist und ein ganz gesundes festes Blatt, frei von Beschädigung, von Beschlag oder Verbrühung aufweist.

**) S. die Schrift: Der Zollverein und das Tabakmonopol.

baues repräsentiren, haben durch die Verbreitung der Cigarre viel von ihrer Beliebtheit verloren; und was die ordinären Tabake betrifft, so ist schon früher bemerkt worden, daß sich damit der Consum regelmäßig aus der Localproduction versorgt. Die ungarische Tabakproduction würde für dieselben den einheimischen Markt nicht behaupten, geschweige denn einen nennenswerthen Absatz in's Ausland gewinnen, wo Transportkosten und Zölle die Mitbewerbung erschweren.

Es erübrigen nur noch die Monopolsregien in Frankreich und Italien, welche ehedem regelmäßig ungarische Tabakblätter bezogen haben und auch noch jetzt die Hauptabnehmer derselben sind.*) Nach den jüngsten Erfahrungen kann man den Bedarf beider Regien mit 80,000, höchstenfalls mit 100,000 Zollctr. annehmen. Wenn es außerdem der ungarischen Production gelingt, weitere 100,000 Ctr. in den Handel zu bringen, so werden 200,000 Zollctr. die äußerste Menge sein, auf deren Absatz das Land bei Aufhebung des Monopols und dem dadurch bedingten Wegfall der österreichischen Staatsregie vorerst wird rechnen können. Dadurch wäre aber der fremde Bedarf an ungarischem Blatte gegenüber seinem jetzigen Umfange um beiläufig die Hälfte reducirt.

So stellt sich die österreichische Tabakregie als die ergiebigste und nachhaltigste Quelle des Absatzes für die ungarische Tabakproduction heraus, so wie umgekehrt die letztere in Folge jahrelanger Verbindung eine der Hauptgrundlagen der Regiefabrication geworden ist. Beim Wegfall der Regieverwaltung würde Ungarn einen Theil seiner Cultur an die übrigen Länder der Monarchie abtreten müssen, welche in diesem Puncte allerdings gewinnen würden,**) aber auf Kosten Ungarns und seiner althergebrachten Pro-

---

*) Auf Grund thatsächlicher Ergebnisse schätzte man ehedem den Bedarf der Staatsregien an ungarischen Blättern wie folgt:

    Rom . . . . 12,000 Ctr.
    Parma, Modena, Toscana   6,000 „
    Sardinien . . . . 10,000 „
    Frankreich . . . . 40,000 „
        zusammen . . 68,000 Ctr.

Erst vor kurzem haben die französische und italienische Regie ihren Bedarf an ungarischen Blättern für 1863 ausgeschrieben; erstere beansprucht 2 Millionen Kilogr. oder 40,000 Zollctr., letztere 12,000, eventuell 20,000 metrische oder 24,000, resp. 40,000 Zollctr.

**) Die Lage des Arbeiterstandes würde sich bei Aufhebung des Monopols wenig ändern, da gegenwärtig in allen Kronländern Fabriken bestehen und die Regieverwaltung wohl eben so viele Arbeiter bedarf, als bei der Privatfabrication unterkommen würden.

duction. Die Rücksicht für die Erhaltung der bestehenden Tabakcultur fordert daher in gleicher Weise, wie das Interesse der Finanzen, den Fortbestand des Monopols.

Fällt aber die Entscheidung für die Erhaltung des Tabakmonopols aus, so kann es sich weiter nur um jene Aenderungen in der Verwaltung desselben handeln, welche durch die Neugestaltung der Verhältnisse in den ungarischen Ländern nothwendig geworden sind. Um diese Frage zu erledigen, ist es nothwendig, vorerst die Aufgabe der Monopolsverwaltung näher zu betrachten. Dieselbe hat eine positive und negative Seite.

Der positive Inhalt der Aufgabe der Monopolsverwaltung liegt in der Aufbringung des Rohstoffes (sei es durch den Bezug aus dem Auslande, sei es durch den Ankauf im Inlande), in der Verarbeitung der Stoffe und Herstellung der erforderlichen Fabricate, endlich in der Festsetzung der Verkaufstarife und Ordnung des Verschleißes. Die negative Seite der Aufgabe, welche der Monopolsverwaltung obliegt, besteht darin, Eingriffe in ihr Alleinrecht abzuwehren, und wo solche dennoch geschehen, dieselben der gesetzlichen Ahndung zuzuführen.

Nach einem anderen Gesichtspuncte lassen sich die eben aufgeführten Theilzwecke der Verwaltung in zwei Kategorien bringen: sie scheiden sich nämlich in die industrielle und (wenn man so sagen will) in die fiscalische Thätigkeit derselben. Zu der ersteren gehört die Anschaffung des Rohstoffes und die Fabrication, zu der letzteren die Einbringung der Steuer im Wege des Verschleißes und der Schutz des Monopols. Beide Kategorien sind in ihrem innersten Wesen verschieden und erfordern deshalb auch eine ganz verschiedene Behandlung. Die Geschäfte der ersten Art vertragen nur in geringem Grade eine im voraus eintretende Reglementirung; sie erfordern dagegen eine einheitliche, kluge und energische Führung, welche sich in jedem einzelnen Falle nur von der Zweckmäßigkeit und dem Bewußtsein ihrer Verantwortlichkeit leiten läßt. Ganz anders ist es mit den Geschäften der zweiten Art; sie sind wesentlich administrativer Natur und lassen sich im vorhinein durch allgemeine Normen sehr wohl reguliren. Sind einmal solche Normen gemeinschaftlich für die Länder auf beiden Seiten der Leitha festgestellt, so besteht auch kein weiteres Hinderniß, die Geschäfte der zweiten Art zwischen den Regierungen der beiden Reichshälften zu theilen, d. i. jeder derselben die Ausführung jener Normen in ihrem Gebiete selbstständig zu überlassen.

Dagegen erscheint eine ähnliche Theilung bei den Geschäften der ersten Art ohne Gefährdung des Einkommens der einen oder der anderen Reichs=

hälfte nicht denkbar. Die Aufrechthaltung des freien Verkehrs zwischen denselben ist nur dann möglich, wenn in beiden Hälften die **Steuer ganz dieselbe ist**, d. h. wenn sowohl dort als hier die **gleichen Qualitäten** auch um **denselben Preis** verkauft werden. Eine Vereinbarung über die gleiche Qualität und gar die wirkliche Einhaltung derselben ist aber bei der großen Zahl und Verschiedenheit der Tabaksorten ein Ding der Unmöglichkeit.*) Es wäre da nicht zu vermeiden, daß der eine Theil Maßregeln träfe, die eine Verkürzung des Einkommens des anderen Theils nach sich zögen; auch liegt es im **Interesse** beider Theile, die in Rede stehenden Geschäfte in **Gemeinschaft zu behandeln**. Denn es ist jedem Verständigen klar, daß die Versorgung der Regie mit dem erforderlichen Rohstoffe besser und vortheilhafter durch Eine mit den gemeinschaftlichen Fonds ausgerüstete Leitung bewerkstelligt werden kann, als wenn sich zwei Verwaltungen auf diesem Gebiete fortwährend Concurrenz machen; es ist ferner einleuchtend, daß die Fabrication desto größere Erfolge zu erreichen fähig wird, je mannichfaltiger die Kräfte sind, die zu dem Einen großen Zwecke zusammen wirken, und je ausreichender die Unterstützung ist, welche bei der Zusammengehörigkeit aller ein Etablissement dem anderen zuwenden kann.**)

---

*) Allerdings hat die Erfahrung im Zollverein den Beweis geliefert, daß die Verwaltung des Salzmonopols auf private Rechnung der Vereinsstaaten ohne Zwischenzolllinien ausführbar ist. Allein hierzu tragen wesentlich gewisse Eigenschaften des Salzes bei, welche beim Tabak gerade entgegengesetzter Natur sind. Vergl. die trefflichen Ausführungen hierüber in der Schrift: Der Zollverein und das Tabakmonopol.

**) Beispiele für das Gesagte sind nicht schwer zu finden. Für den Ankauf ausländischer Blätter und Fabricate, dann für die Einlösung inländischer Blätter sind fast zu gleichen Theilen ca. 18—20 Millionen Gulden alljährlich erforderlich. Bei der Importanz dieser Summen fallen Mißerfolge, welche eine verkehrte Einrichtung stets zu begleiten pflegen, sehr schwer in's Gewicht. Die Unzukömmlichkeiten der Trennung der Regie würden sofort bei der inländischen Einlösung hervortreten; welche Stellung soll der fremden Regie bezüglich der Einlösung gegeben werden? Könnte sie auf die Unterstützung der Landesverwaltung rechnen, wenn die gegenseitigen Interessen in Conflict kommen? Und müßten nicht derlei Conflicte unvermeidlich entstehen, da die Berührungspuncte so zahlreich sind?

Aehnlich wäre es beim Ankaufe im Auslande, wie man denselben auch einrichten wollte. Das beste System des Einkaufes ist offenbar jenes, welches von dem Grundsatze geleitet wird, dort und dann zu kaufen, wo und wann es am vortheilhaftesten erscheint. Dazu ist aber unausgesetzte Beobachtung des Marktes und die Mitwirkung verläßlicher Agenten erforderlich. Es würde nicht ausbleiben, daß sich die Agenten beider Regien auf allen Plätzen gegenüberständen und deren Operationen sich mannichfach durchkreuzten; neben den Mehrkosten für die Agenten wären erhöhte Preise die voraussichtlichen Folgen einer solchen Concurrenz.

Gründe der Nothwendigkeit und Zweckmäßigkeit sprechen demnach dafür, den industriellen Theil der Monopolsverwaltung auf gemeinschaftliche Rechnung beider Reichshälften fortführen zu lassen. Alles Uebrige könnte in den Bereich der Landesfinanzen übergehen.

Die Grundlagen für eine solche Organisation sind durch die bisherige Einrichtung der österreichischen Monopolsverwaltung bereits gegeben; außerdem finden wir in den von dem ungarischen Reichstage angenommenen Bestimmungen über die gemeinsamen Angelegenheiten die geeigneten Elemente, um unseren Plan über die künftige Gestaltung der österreichischen Monopolsverwaltung zu vervollständigen.

Wie aus dem Vorhergegangenen erinnerlich sein wird, ist bei der österreichischen Monopolsverwaltung schon seit Jahren die Trennung der industriellen und administrativen Geschäfte praktisch geworden: erstere, welche man gewöhnlich unter dem Namen „Regie" begreift, sind bis jetzt der Centraldirection der Tabakfabriken und Einlösungsämter anvertraut; letztere waren bisher im ganzen Monopolsgebiete den sogenannten leitenden Finanzbehörden übertragen und fanden in dem Einen Finanzministerium ihre Vereinigung. Mit der Trennung der Finanzverwaltung sind in jüngster Zeit die administrativen Geschäfte auch in der höchsten Instanz an die Landes-Finanzministerien übergegangen, während die rechnungsmäßige Gebarung des Tabakgefälles noch bis zum Ablaufe dieses Jahres centralisirt bleiben soll. Ohne Zweifel würde es der administrativen Selbständigkeit beider Reichshälften am besten entsprechen, die Scheidung auch bezüglich der Gebarung mit den Monopolseinnahmen eintreten zu lassen.

Außer dem Tabakblatte bedarf die Fabrication noch vielfacher Artikel; sie bedarf beispielsweise Leinwand, Stricke, Spagate, Bretter, Nägel, Papiere, Wachsfolien und Bleie zur Verpackung, Holz zur Heizung, Lampen und Oel zur Beleuchtung u. s. w. und überdies eine Menge Werkzeuge und Einrichtungsstücke. So mannichfaltig diese Gegenstände, so mannichfaltig sind auch die Quellen ihres Bezuges und so vielfach ist auch der Verkehr, der sich wegen des Bezuges dieser Gegenstände zwischen den einzelnen Anstalten herausbildet; die Ordnung dieses Verkehrs und die Anschaffung jener Gegenstände läßt sich aber am besten dann einrichten, wenn die Geschäfte in Einer Leitung vereinigt sind und neben den Vortheilen der Anschaffung im Großen auch das Terrain zur Auffindung der besten Bezugsquellen erweitert wird.

In der Fabrication selbst bilden sämmtliche Fabriken einen großen Organismus, in welchem jeder Anstalt ihre Aufgabe in jener Weise zugetheilt ist, welche unter Berücksichtigung ihrer Leistungsfähigkeit den Bedürfnissen des Ganzen und deren zweckmäßiger Befriedigung am besten entspricht; die Einlösungsämter stehen diesem Organismus nicht fern; das Transportwesen, welches auf alle Dispositionen einen wichtigen Einfluß übt, umschließt den gesammten Verkehr der Einlösungsämter, Fabriken und Verschleißmagazine, und kann nur in dieser Zusammenfassung in der vortheilhaftesten Weise geordnet werden.

Es besteht kein Hinderniß einer solchen Scheidung, sie ergiebt sich vielmehr ohne Schwierigkeit von selbst, wenn man von der gesammten Gebarung auch jene der Regieverwaltung lostrennt und letztere als eine b e s o n d e r e S t a a t s u n t e r n e h m u n g hinstellt.

Die Aufgabe der Regieverwaltung würde es dann sein, jede Reichshälfte in der für sie erforderlichen Menge und Qualität mit Verschleißgütern zu versehen. Die Landesfinanzen übernehmen die Fabricate und besorgen den Verschleiß derselben auf e i g e n e R e c h n u n g. Sie vergüten der Regieverwaltung die einverständlich festgestellten F a b r i k s p r e i s e und beeinnahmen dafür die Verschleißpreise; die Differenz zwischen beiden bildet die reinen Einnahmen, welche für jedes Gebiet den betreffenden Landesfinanzen verbleiben.

In gleicher Weise hätte die Regieverwaltung über die ihr zugemessene Aufgabe selbstständig zu gebaren; der Fundus an Gebäuden und Vorräthen nebst einem angemessenen Betriebscapital bilden ihr Vermögen; die Verzinsung desselben und die Einkaufs= und Fabricationskosten sind ihre Auslagen, welche in den von den Landesfinanzen zu vergütenden Fabrikspreisen die Bedeckung zu finden hätten. Alle auf den Verschleiß Bezug nehmenden Einrichtungen fallen in den Bereich der Landesfinanzen; alle mit dem Ankaufe und der Erzeugung verbundenen Geschäfte werden dagegen f ü r R e c h n u n g u n d u n t e r d e r A u f s i c h t b e i d e r R e i c h s h ä l f t e n fortan gemeinschaftlich und unter Einer Leitung fortgeführt.

Damit wäre auch die künftige Stellung der Regieverwaltung gegeben: als gemeinschaftliches Organ beider Reichshälften, als eine Unternehmung zur Besorgung von Geschäften, welche den Ländern diesseits und jenseits der Leitha gemeinsam sind, hätte sie ihren Platz neben jenen Institutionen zu finden, welche in Folge der Vereinbarung über die gemeinsamen Angelegenheiten und den Modus ihrer Behandlung in's Leben treten werden; sie hätte, wenn man den Inhalt jener Vereinbarung im Sinne der ungarischen Ausgleichsvorschläge auffassen darf, von dem künftigen R e i c h s = F i n a n z m i n i s t e r zu dependiren, und ihre Gebarung würde der Controle der künftigen D e l e g a t i o n e n unterliegen.

Man kann gegen eine solche Stellung nicht etwa einwenden, daß es sich mit der administrativen Selbstständigkeit der beiden Reichshälften nicht vertrage, einer außer Landes befindlichen Behörde irgend welche Executive in ihrem Gebiete einzuräumen; wäre dieser Einwand richtig, so würde er überhaupt die gemeinsame Behandlung der als gemeinsam erkannten Angelegenheiten unmöglich machen; er beruht aber auf einem Mißverständniß, insofern es sich bei den Geschäften der Regieverwaltung, wie wir sie voraus=

gesetzt haben und im Folgenden noch näher definiren werden, durchaus nicht um Agenden der Executive handelt; einer Privatunternehmung, allenfalls einer Pachtgesellschaft würde man schwerlich ein solches Bedenken entgegenhalten; die Thätigkeit der Regieverwaltung unterscheidet sich aber im Wesen nicht von einer solchen Unternehmung, und ihr amtlicher Charakter an sich giebt ihr noch keine Executive. *)

---

*) Wir benutzen hier den Anlaß, um unsere Ansicht über den in letzter Zeit oft ventilirten Plan einer Verpachtung des Tabakmonopols auszusprechen.

Wir halten dafür, daß sich eine solche Maßregel staatswirthschaftlich nur dann rechtfertigen ließe, wenn die Aufhebung des Monopols außer Frage stände und es sich bei einem Pacht auf kurze Zeit lediglich darum handelte, den Fundus der Regie entsprechend zu verwerthen und einen allmälichen Uebergang zum freien Verkehr anzubahnen; Angesichts der bevorstehenden Auseinandersetzung mit Ungarn würden wir es sogar als einen geschickten Zug angesehen haben, das in der Monopolsverwaltung engagirte Vermögen vor dem Ausgleiche zu Gunsten der gemeinschaftlichen Finanzen flüssig zu machen und so den Schwierigkeiten einer späteren Theilung jenes Vermögens aus dem Wege zu gehen.

Aber von solchen besonderen Verhältnissen abgesehen, können wir uns mit dem Gedanken einer Verpachtung des Monopols nicht befreunden. Gründe des Staatsrechtes sowohl als Rücksichten der Politik lassen es gleich bedenklich erscheinen, die Ausbeutung eines Hoheitsrechtes dem Privatinteresse zu überantworten; dagegen sehen wir in wirthschaftlicher Beziehung nirgend einen Vortheil. Soll nicht bloß der Pächter, sondern auch der Staat seine Rechnung bei einem solchen Geschäfte finden, so bleibt nichts übrig, als anzunehmen, daß eine Pachtgesellschaft im Stande ist, billiger und besser zu produciren und dadurch eine höhere Einnahme zu erzielen, als die Regie des Staates. Es wird uns gestattet sein, dies insolange für eine leere Behauptung zu halten, als man uns nicht bessere Gründe dafür angeführt hat, als bisher. Man beruft sich unter anderem auf die bessere Fachkenntniß, welche einer Privatgesellschaft eigen sei, und auf die größere Freiheit der Bewegung, mit der sie ihre Operationen leiten kann. Was das Erstere betrifft, so kann man wohl ohne Selbstüberhebung nicht von überlegener Fachkenntniß einer Anstalt gegenüber sprechen, welche, gleich der österreichischen Regie, die Erfahrungen von acht Jahrzehnden in sich vereinigt, und deren Angehörige doch, wie man glauben sollte, durchschnittlich mindestens dieselbe Bildung mitbringen, wie die Jünger des Comptoirs. Gleich unerwiesen erscheint die andere Behauptung von der größeren Freiheit der Bewegung einer Pachtgesellschaft. Wahr ist es allerdings, daß die oberste Leitung eines Industriegeschäftes so wenig als möglich in jenen Anordnungen gehindert sein soll, die sie als zweckmäßig und ihrer Aufgabe zusagend erkennt; aber was hindert den Staat, die Leitung der Regieverwaltung in ähnlicher Weise zu stellen, wie das Directorium einer Actiengesellschaft bestellt ist? Ist etwa die Rücksicht auf das Vermögen der Actionäre weniger bindend, als die Verantwortlichkeit gegenüber dem Staate? Im übrigen braucht eine Privatgesellschaft gerade so viele Kräfte, welche in ihrem Interesse thätig sind, als die Regieverwaltung des Staates, und letztere ist gerade so gut in der Lage, den Dienst und die Ueberwachung zweckmäßig einzurichten, als es einer Gesellschaft von Privaten

Nach dem Gesagten würde sich der Ertrag des Tabakgefälles in Oesterreich künftig aus einer dreifachen Gebarung zusammensetzen: aus der Gebarung der Regieverwaltung und aus jener der beiden Landesministerien; erstere würde der Controle der Delegationen, letztere der Controle der Landesvertretungen unterstehen. Erst auf diesem Wege würde sich der Ertrag des Monopols in den ungarischen und nicht ungarischen Ländern scharf sondern, so wie auch in die Gebarung der Regieverwaltung die bisher vergebens versuchte Darstellung und Verzinsung des Betriebscapitals aufnehmen lassen.

Wir wollen nun die einzelnen Gebarungen und die in den Bereich einer jeden derselben fallenden Geschäfte näher betrachten.

Die Aufgabe, welche der Regieverwaltung zufällt, regulirt sich in quanto et quali nach den Bedarfspräliminarien, welche ihr alljährlich von den Landes-Finanzministerien zukommen; sie ordnet hiernach die Fabrication und ihr Programm für den Ankauf ausländischer, so wie für die Einlösung inländischer Blätter. Sowohl in der Fabrication, als auch beim Ankauf ausländischer Blätter und Fabricate handelt sie ganz selbständig unter der Leitung des Reichs-Finanzministers; bei der Einlösung der im Inlande erzeugten Blätter wird sie dagegen der Mitwirkung der Landes-Finanzverwaltungen nicht entrathen können. Diese Mitwirkung wird verschieden sein, je nach den gesetzlichen Bestimmungen, die in Betreff des Tabakbaues in den hiezu berufenen Ländern bestehen. In Ungarn ist die Regieverwaltung seit der kaiserl. Verordnung vom 27 März 1860 dem Privathändler formell ganz gleichgestellt; die Licenzen zum Tabakbau gehen von der Finanzverwaltung aus, und der Pflanzer, welcher für die Regie bauen will, muß sich mit derselben eben so gut vorher verständigt haben und sich hierüber bei der Finanzbehörde ausweisen, wie es bezüglich seines Verhältnisses mit dem Händler jener Pflanzer thun muß, welcher, ohne selbst Magazine zu besitzen, für die Ausfuhr bauen will. Die Regieverwaltung wird sich daher bezüglich ihres Bedarfes an ungarischen Blättern wie bisher mit dem Pflanzer verständigen müssen; sie wird ihm die Abnahme seines Erzeugnisses gegen bestimmte Preise zusichern, und sie wird seinerzeit die Fechsung gegen Bezahlung der Preise übernehmen. Diese rein geschäftliche, privatrechtliche Seite des Ta-

---

möglich ist. So aufgefaßt, dürfte es keinem Zweifel unterliegen, daß das Einkommen einer Pachtgesellschaft entweder dem Staate oder den Consumenten zur Last fallen muß. Ersterer hat überdies kaum eine Erleichterung von Geschäften zu erwarten, da das wichtige öffentliche Interesse, welches sich an die Ausübung eines jeden Hoheitsrechtes knüpft, und die Theilnahme an dem wachsenden Gewinne, welche sich der Staat vorbehalten würde, eine einbringliche Ueberwachung und ununterbrochene Einsicht in die Gebarung der an die Stelle der Staatsregie tretenden Privatunternehmung zur Folge haben müßte.

bakbaues wird in gleicher Weise, wie sie zwischen dem Pflanzer und seinem Privatabnehmer besteht, auch künftig fort zu bestehen haben, und es wird an dem Charakter dieses Verhältnisses nichts ändern, wenn in einer oder der anderen Beziehung die Organe der Landesverwaltung im Namen der Regie interveniren, oder sogar wegen der Wichtigkeit des öffentlichen Interesses z. B. bei der Festsetzung der Einlösungspreise, bei der Ordnung der Einlösung, von Amtswegen mitzuwirken berufen sind. Die Einlösungsämter, Fabriken und die dazu gehörigen Magazine unterstehen der Regieverwaltung.

Dagegen dependiren die Verschleißämter und ihre Magazine von den Landes-Finanzministerien und ihren Organen; letztere leiten das Verschleißwesen im Sinne der bestehenden Normen und sorgen für den Schutz des Monopols durch Handhabung der bestehenden Controls- und Strafgesetze; sie ertheilen die Licenzen zum Tabakbau und führen die Aufsicht über denselben; die gesetzlich festgestellten Kosten dieser Ueberwachung tragen die Pflanzer oder jene, für welche der Anbau stattfindet; die Verschleißauslagen gehen dagegen auf Rechnung der Landesfinanzen.

Einer der wichtigsten Puncte im System dieser Gebarung beruht auf der **Festsetzung der Fabrikspreise**, um welche die Regieverwaltung die Fabricate an die Landesfinanzen abzuliefern hat. Es ist für den Anfang vollkommen genügend, wenn die Fabrikspreise auf Grund der Selbstkosten nach dem Erfolge mehrerer Jahre ermittelt und so bemessen werden, daß die Regieverwaltung bestehen kann, ohne ihr Capital anzugreifen. Gewinn liegt nicht in ihrer Aufgabe. Es wird vielmehr bei der Erledigung ihrer Gebarung von Fall zu Fall zu untersuchen sein, ob sie mit den bisherigen Fabrikspreisen bestehen kann, ob und inwiefern dieselben etwa eine Moderation vertragen oder einer Aufbesserung bedürfen. Auch würde nichts im Wege stehen, etwaige Ueberschüsse der Regieverwaltung am Ende einer gewissen Periode den Landesfinanzen nach dem Antheile ihres Verschleißes gutzubringen; wogegen dieselben auch für allfällige Abgänge des Regievermögens, falls diese durch allzu niedrige Fabrikspreise hervorgerufen würden, einzustehen hätten.

Die Regieverwaltung würde für die gelieferten Waaren auf Grund der von den Verschleißämtern einlangenden Empfangsbestätigungen die Landesfinanzen belasten und diese könnten ihre Schuld an erstere in gewissen Zeitabschnitten bedecken; ein einfacher Conto-Corrent würde das Mittel der Abrechnung sein.

Wie die Einnahmen aus den Lieferungen an die **Landesfinanzen**, würden auch die Erträgnisse aus den Verkäufen von Blättern und Fabricaten, welche die Regieverwaltung in das **Ausland** absetzt, ihrer Rechnung zu gute kommen; dagegen wären die für die **Einfuhr aus dem Aus-**

lande einkommenden Gebühren (gegenwärtig Zoll- und Licenzgebühren) zwischen den Landesfinanzen zu vertheilen; da bezüglich des Antheiles an diesen Einnahmen dieselben Momente in Betracht kommen, welche bei der Vertheilung der Zollerträgnisse maßgebend sind, so könnte auch die Vertheilung der ersteren nach demselben Maßstabe erfolgen, welcher für jene der letzteren vereinbart wird.

Die Gebarung des Tabakgefälles in Oesterreich würde demnach künftig in folgender Form darzustellen sein:

A. Regieverwaltung.

Ausgaben.	Einnahmen.
Administrations-Auslagen, Erzeugungs- und Anschaffungskosten, u. s. w.	Von den Landesfinanzen für gelieferte Verschleißgüter, für Verkäufe an das Ausland,

B. Landesfinanzen.

An die Regieverwaltung für empfangene Verschleißgüter, Verschleißauslagen, sonstige Verwaltungsauslagen, u. s. w.	Verschleißeinnahmen, Antheil an den Einfuhrsgebühren,

Aus der Zusammenstellung der Resultate der Theilgebarung würde sich sodann das Bild des Gesammtertrages des Tabakgefälles ergeben.

Fassen wir das Ergebniß unserer Betrachtungen zusammen, so können wir das Programm für die bevorstehende Verhandlung der beiden Reichshälften, so weit sie sich mit der Besteuerung des Tabaks zu beschäftigen hat, in folgender Weise formuliren:

1. Die Aufrechthaltung des Tabakmonopols in Oesterreich liegt eben so in dem unabweislichen Bedürfniß der Finanzen, als im Interesse der Erhaltung der bestehenden einheimischen Tabakcultur;

2. die Ausübung dieses Hoheitsrechtes soll im ganzen Reiche auf gleichen Grundlagen beruhen, welche in Uebereinstimmung beider Reichshälften gesetzlich festgestellt werden;

3. entsprechend dem aus der administrativen Selbständigkeit beider Reichshälften hervorgehenden Grundsatze, die financielle Auseinandersetzung so weit gehen zu lassen, als sie ohne Wiederaufrichtung der Zwischenzollschranken möglich und ohne Gefährdung der Interessen beider Theile ausführbar ist, soll die Verwaltung des Tabakgefälles und insbesondere auch die Einnahme aus demselben an die Landesfinanzen übergehen, mit Ausnahme jedoch der sogenannten

Regiegeschäfte, welche auch in Zukunft für Rechnung beider Reichshälften von einer denselben gemeinschaftlichen Administration zu führen sind.

Sind einmal diese Grundzüge festgestellt, so kann die weitere Ausführung derselben keinen Schwierigkeiten unterliegen; denn einerseits sind die gesetzlichen und administrativen Fundamente für die ununterbrochene Fortführung des Monopols bereits vorhanden, andererseits sind die durch die künftige Gestattung der Administration gebotenen Aenderungen von der Art, daß sie sich den bestehenden Einrichtungen leicht anschließen. Die gegenwärtige Verwaltung ist voraussichtlich in der Lage, alle jene Elemente zu liefern, welche zur Systemisirung der vorgeschlagenen Gebarung erforderlich sind; insbesondere kann auf Grundlage der Gestehungskosten die Ermittelung der Fabrikspreise, welche den Angelpunct der neuen Gebarung bilden, ohne Anstand stattfinden. Was die damit zusammenhängende Organisation der Behörden betrifft, so steht gleichfalls zu erwarten, daß sich in der, freilich zur Zeit noch unbekannten, Einrichtung des künftigen Reichs-Finanzministeriums auch ein Platz für die Oberleitung der Regieverwaltung finden werde, so wie es wohl auch für andere Zweige der indirecten Besteuerung oder für andere Gegenstände des gemeinsamen Interesses seine Vermittelung wird eintreten lassen müssen.

Sollte übrigens diese Voraussetzung, auf welche wir durch den Inhalt der ungarischen Ausgleichspropositionen vollen Anspruch zu haben glauben, nicht zutreffen, so würden wir nicht anstehen, die Regieverwaltung als gemeinschaftliches Organ beider Reichshälften unter den concurrirenden Einfluß der Landes-Finanzminister zu stellen, welche in allen wichtigen, die Befugnisse der Regieverwaltung überschreitenden Angelegenheiten das Einvernehmen zu pflegen hätten. Freilich wäre dies ein Grund mehr, den Wirkungskreis der Regieverwaltung mit allen jenen Vollmachten zu versehen, welche zur gedeihlichen Erledigung ihrer Aufgabe erforderlich erscheinen; freilich würde es selbst in diesem Falle nicht verhindert werden können, daß Verzögerungen eintreten, die durch die Nothwendigkeit der Zustimmung zweier Oberbehörden hervorgerufen zu werden pflegen: allein die Einheit der Regieverwaltung bliebe aufrecht erhalten, auf welche man im Interesse der Sache, um die es sich handelt, alles Gewicht legen muß. In der That steht und fällt damit der vollständige Erfolg des Monopols; ohne die Gewißheit eines solchen würde es aber rathsamer sein, auf die ganze Einrichtung zu verzichten; denn es ist eine bekannte und auch für das Steuerwesen beherzigenswerthe Erfahrung, daß halbe Maßregeln mehr schaden als nützen.

Druck und Verlag von Carl Gerold's Sohn in Wien, 1867.